W0324430

© Verlag Zabert Sandmann GmbH
München
1. Auflage 2005
ISBN 3-89883-149-3

Grafische Gestaltung Verena Fleischmann, Kuniko Taguchi
Umschlaggestaltung Zero, München
Fotografie Walter Cimbal
Redaktion Dr. Silke Bromm
Fachliche Beratung Irmgard Landthaler
Herstellung Karin Mayer, Peter Karg-Cordes
Lithografie inteca Media Service GmbH, Rosenheim
Druck & Bindung L.E.G.O., Vicenza

Besuchen Sie uns auch im Internet unter der Adresse www.zsverlag.de

Thomas Fuchsberger
und Michael van Almsick

Feinschmeckerküche für Diabetiker

Mit Rezepten von Bobby Bräuer

ZABERT SANDMANN

Starkoch Bobby Bräuer lässt sich von Thomas Fuchsberger und Michael van Almsick gern in den Kochtopf schauen.

Als 1999 unser Kochbuch „Feine Küche für Diabetiker" erschien, begann für mich eine wunderbare Erfolgsgeschichte. Zuvor hatte ich auf einer Party Michael van Almsick kennen gelernt. Bei ihm war gerade Typ-2-Diabetes diagnostiziert worden und meine Diagnose als Typ-1-Diabetiker lag schon ein paar Jahre zurück. Wir unterhielten uns angeregt über ein großes gemeinsames Hobby: gutes Essen. Wir stellten fest, dass es noch kein Kochbuch für Diabetiker gab, das den Genuss beim Essen in den Vordergrund rückte. Das wollten wir sofort ändern. In dem erfolgreichen Spitzenkoch Bobby Bräuer fanden wir schnell einen kreativen und idealen Partner zur Realisierung unserer „Feinen Küche für Diabetiker". Unser Kochbuch wurde ein großer Erfolg. Ich erhielt zahlreiche Einladungen zu TV-Koch- und Talkshows wie die NDR-Talkshow, Fliege, Johannes B. Kerner, denen ich gerne gefolgt bin. Alfred Biolek verlieh mir in seiner Sendung „alfredissimo" zwei Sterne für das Rezept „Knurrhahn mit Lauch" aus unserem Buch.

Inzwischen werde ich oft gebeten, auf Diabetikertagen und Fachmessen Vorträge darüber zu halten, wie ich mit meinem Diabetes umgehe und wie ich auf meinen weltweiten Reisen meinen Blutzucker kontrolliere. 2004 hatte ich die Gelegenheit, einen Artikel für das Diabetes-Journal „feel free" der Firma Ypsomed zu schreiben. Der Artikel hatte den Titel „Als Diabetiker auf der Zuckerinsel Kuba". Seit dieser Zeit bin ich nicht nur für meine Musik, sondern auch als Reisejournalist viel unterwegs. Mein Diabetes begleitet mich natürlich immer, aber krank fühle ich mich deshalb nicht.

Nachdem sich nicht nur bei mir seit 1999 sehr viel getan hat, sondern auch im Bereich der Diabetesforschung, war es nun höchste Zeit, eine überarbeitete und aktualisierte Ausgabe unseres Buches herauszugeben. Neue Rezepte, neue Erkenntnisse und die Hoffnung, dass auch diese Ausgabe so gut angenommen wird wie die vorherige. Und wer weiß, was die nächsten Jahre alles bringen.

In diesem Sinne – viel Freude und guten Appetit!
Ihr Thomas Fuchsberger

Es war schwülheiß in diesem Sommer 1995. In den Räumen unserer Konzertagentur in München wurde seit Wochen fieberhaft an der Organisation der Sommer-Festivals gearbeitet. Klar, dass ich bei dieser Anspannung und Temperaturen über 30° C Wasserflasche um Wasserflasche in mich hineinleerte und schwitzte. Zur weiteren Abkühlung besorgte ich mir die eine oder andere Portion Eiscreme. Es erstaunte mich zunächst nicht, dass ich in dieser Zeit an Gewicht verlor. Als leidenschaftlicher Hobbykoch gönnte ich mir nur zu gerne ein herrliches, mehrgängiges Menü mit entsprechender Weinauswahl – zum Beispiel bei Bobby Bräuer, zu dieser Zeit Küchenchef im Königshof, traditionell eine der besten Küchen Münchens. Es war wie im Schlaraffenland: essen ohne Grenzen und dabei abnehmen. Die anfängliche Euphorie wich nach und nach einer zunehmenden Portion Skepsis. Der Gang zum Arzt klärte das vermeintliche Wunder auf: Typ-2-Diabetes.

Ich war am Boden zerstört. Das Ende aller kulinarischen Sinnlichkeit schien mir bevorzustehen. Es kam, wie es kommen musste. Ich wurde eine Woche lang zur Schulung und Beobachtung ins Schwabinger Krankenhaus zu Professor Standl, dem langjährigen Kollegen von Professor Mehnert, eingewiesen. Das Essen für Diabetiker im Schwabinger Krankenhaus schmeckte grauenhaft, die Diabetiker-Schulung hingegen war hervorragend. Nach und nach stellte ich fest, dass die anspruchsvolle, feine und moderne Küche dem Diabetiker sehr entgegen kommt. Sie verwendet nur Zutaten allererster Güte, verschiedenste Gemüse, Kartoffeln in überschaubaren Portionen, gelegentlich auch Teigwaren, aber in Form kleiner Leckereien in phantasievollen Arrangements. Diese ballaststoffreiche Kost mit viel Fisch und gelegentlich Fleisch ermöglicht es, spielend ein komplettes Menü mit insgesamt 3 BEs zusammenzustellen.

Die Rezepte von Bobby Bräuer haben mir auch zu Sicherheit und Routine bei der Beurteilung von Speisen im Restaurant verholfen. Beim Nachtisch bin ich allerdings sehr vorsichtig. Dieser ist auch in sehr guten Häusern fast immer hemmungslos gezuckert und dazu geeignet, die Kohlenhydrate-Bilanz zu verhageln. Hier bieten die Vorschläge von Bobby Bräuer eine hervorragende Alternative. Der disziplinierte Umgang mit den drei wichtigsten Faktoren im Alltag eines Typ-2-Diabetikers – Körpergewicht, Ernährung und Sport – entscheidet meist darüber, ob ein Leben ohne Medikamente möglich ist, oder ob Tabletten oder Insulinzugaben notwendig sind.

Diabetiker zu sein bedeutet mir längst keine Last mehr. Im Gegenteil! Ich habe gelernt, bewusster und besser und damit genussreicher zu essen. Und gepaart mit sportlicher Betätigung habe ich sogar ein Mehr an Lebensfreude gewonnen.

Genau das wünsche ich auch Ihnen!
Ihr Michael van Almsick

Es ist uns eine große Freude, Ihnen ein Kochbuch der besonderen Art empfehlen zu dürfen: Die „Feinschmeckerküche für Diabetiker". Das Buch erscheint fast zeitgleich mit den neuen europäischen Ernährungsempfehlungen zur Therapie und Prävention des Diabetes mellitus. Ganz im Sinne dieser aktuellen Empfehlungen zu einer gesunden Ernährungsweise ist es ein gelungenes Buch, dessen über 100 Rezepte nicht nur Diabetikern, sondern auch deren Angehörigen und Familien viele Anregungen zu einer bewussten, gesunden und genussvollen Ernährung bieten.

Herr Thomas Fuchsberger ist bereits vor vielen Jahren an Typ-1-Diabetes erkrankt und hat seine Diabeteserkrankung öffentlich gemacht – was keinesfalls selbstverständlich ist. Unermüdlich setzt er sich für andere Betroffene ein, klärt über die Krankheit auf und unterstützt Forschungsprojekte. In Michael van Almsick, der selbst an Typ-2-Diabetes erkrankt ist, hat er einen ebenso engagierten Mitherausgeber gefunden.

Thomas Fuchsberger und Michael von Almsick sind an verschiedenen Formen des Diabetes erkrankt. So ist der Typ-1-Diabetes eine Erkrankung des Immunsystems, tritt in der Regel im jüngeren Alter bei meist völlig normalgewichtigen Menschen auf. Er führt zu einem absoluten Mangel körpereigenen Insulins und damit zu einer notwendigen lebenslangen Insulinbehandlung. Die andere Diabetesform – der Typ-2-Diabetes – betrifft häufig ältere, übergewichtige Menschen und ist oft auch mit hohem Blutdruck und hohen Blutfettwerten verbunden. Menschen mit Typ-2-Diabetes können nicht selten nach einer Umstellung ihrer Ernährung und ihres sonstigen Lebensstils, insbesondere einer Gewichtsabnahme, viele Jahre ohne Tabletten oder Insulin auskommen.

Eine ballaststoff- und vitaminreiche Ernährung mit häufigem Verzehr von Fisch und nur einer begrenzten Menge von Fett, wie sie die aktuellen Ernährungsrichtlinien empfehlen, ist in jedem Falle für Erkrankte beider Diabetesformen wichtig.

Dass eine gesunde Ernährung nicht gleichbedeutend ist mit einem Verzicht auf wohlschmeckendes Essen, zeigt die „Feinschmeckerküche für Diabetiker" allzu gut. Der Spitzenkoch Bobby Bräuer hat für dieses Buch eine Vielzahl an Gerichten kreiert, die kulinarische Hochgenüsse versprechen. Beratend zur Seite stand Frau Irmgard Landthaler, eine exzellente Diätassistentin, die auch die Nährwertberechnungen der Rezepte vorgenommen hat. Alles in allem kann die „Feinschmeckerküche für Diabetiker" unbedingt weiterempfohlen werden. So wünschen wir Ihnen allen einen „gesunden" Appetit.

Prof. Dr. Anette-Gabriele Ziegler
Leitende Oberärztin am Krankenhaus München-Schwabing
und Vorstandsmitglied der Forschergruppe Diabetes e.V.

Prof. Dr. Hellmut Mehnert
Vorstandsmitglied der Forschergruppe Diabetes e.V.

Die Ernährung bei Diabetes

Im Jahr 2005 sind aktuelle Ernährungsempfehlungen zur Therapie und Prävention des Diabetes mellitus erarbeitet und publiziert worden. Insbesondere wurden Therapieempfehlungen zum Körpergewicht, den Makronährstoffen (Kohlenhydraten, Fett, Eiweiß), zu Ballaststoffen und Vitaminen und zum Verzehr von Haushaltszucker formuliert (siehe Schaubild).
Die verschiedenen Formen des Diabetes mellitus unterscheiden sich zwar erheblich in Entstehung und Behandlung. Die aktuellen Ernährungsempfehlungen jedoch sind für beide Formen, Typ-1- und Typ-2-Diabetes, gleichermaßen gültig. Im Übrigen sind sie der Ernährungsweise sehr ähnlich, die auch der Allgemeinbevölkerung zur Aufrechterhaltung ihrer Gesundheit empfohlen wird. Deshalb soll sich die Kost des Diabetikers auch nicht wesentlich von der unterscheiden, die die ganze Familie zu sich nehmen sollte.

Die aktuellen Ernährungsempfehlungen für Diabetiker auf einen Blick

- *gesättigte Fette begrenzen*
- *ungesättigte Fette bevorzugen*
- *ballaststoff- und vitaminreich essen*
- *Haushaltszucker allenfalls in kleinen Mengen*
- *Körpergewicht normalisieren*
- *für eine Empfehlung spezieller Diabetikerprodukte oder Diätprodukte für Diabetiker finden sich kaum Begründungen*
- *Fruktose, Zuckeralkohole und andere energiehaltige Zuckeraustauschstoffe haben gegenüber der Verwendung von üblichem Zucker für Menschen mit Diabetes keine nennenswerten Vorteile und werden nicht empfohlen*
- *energiefreie Süßstoffe können in Getränken sinnvoll sein*

Zur Aufteilung der Nährstoffe

Gerade bei Diabetikern sollte die Zusammenstellung der Ernährung vollwertig sein, kohlenhydratreich, fettarm und nicht allzu eiweißreich. Die Empfehlungen lauten generell, dass 45 bis 60 Prozent der Gesamtkalorien aus kohlenhydratreichen Lebensmitteln gebildet werden sollen, während Fett höchstens 35 Prozent und Eiweiß höchstens 20 Prozent ausmachen sollen. Da Diabetiker verstärkt zu Arteriosklerose (im Volksmund „Gefäßverkalkung") neigen, ist eine fettarme Ernährung für sie von besonderer Bedeutung. Um Gefäßerkrankungen vorzubeugen, sollten sie günstige Fette in ihrer Ernährung auswählen, also Fette, die einen hohen Anteil an ungesättigten, vor allem einfach ungesättigten Fettsäuren besitzen. Letzteres trifft beispielsweise auf Oliven-, Raps-, Sesam- oder auch Erdnussöl zu. Eine besondere Schutzfunktion für Herz-Kreislauf-Erkrankungen haben auch Omega-3-Fettsäuren, die mit fettem Fisch (z. B. Hering, Lachs, Makrele) aufgenommen werden. Die Empfehlung zum Fischverzehr lautet: zwei bis drei Fischmahlzeiten pro Woche. Eine vollwertige Ernährung entspricht übrigens nicht nur den Bedürfnissen von Diabetikern; sie ist vielmehr jedem anzuraten, der sich gesund ernähren möchte.

Ziele der Ernährungstherapie – bedarfsgerechte Energiezufuhr

Das wichtigste Ziel der Ernährungstherapie ist eine bedarfsgerechte Energiezufuhr. Diabetiker sollten unbedingt ein wünschenswertes Körpergewicht anstreben und sich nach einer Gewichtsabnahme um ein konstantes Gewicht bemühen. Was das erwünschte Körpergewicht betrifft, hat es in den letzten Jahren einige Kontroversen gegeben. Das so genannte Broca-Gewicht wird mit Hilfe folgender Formel berechnet: Körpergröße in Zentimetern minus 100. Danach dürfte also z. B. ein 170 cm großer Patient 70 kg wiegen. Allerdings sollten Patienten, die weniger wiegen (Broca-Gewicht minus 10 Prozent bei Männern bzw. minus 15 bis 20 Prozent bei Frauen), dieses Ideal-

Wer sich bewusst ernährt, führt dem Körper die richtige Menge an Nährstoffen zu.

gewicht durchaus behalten, um Risikofaktoren zu vermeiden. Im Falle eines 170 cm großen Mannes würde das Idealgewicht beispielsweise 63 kg betragen.
Immer öfter findet auch eine Charakterisierung mit dem so genannten Body Mass Index (BMI) statt, der sich wie folgt errechnet: BMI ist das Körpergewicht in kg geteilt durch die Körpergröße in Metern im Quadrat (Näheres findet sich in einschlägigen Tabellen). Also:

$$\text{BMI} = \frac{\text{Körpergewicht in kg}}{\text{Körpergröße in m}^2}$$

Ziele der Ernährungstherapie – Vermeidung von Folgeschäden

Als Anreiz für jeden übergewichtigen Diabetiker sei gesagt, dass die Reduzierung des Körpergewichts meist auch eine erhebliche Verbesserung der Stoffwechselsituation mit sich bringt. Dabei ist die Vermeidung hoher Blutzuckerwerte besonders wichtig, um den diabetischen Spät- oder Folgeschäden zu begegnen, wie sie vor allem an den Blutgefäßen, aber auch an den Nerven und an den Augen auftreten können. Aber auch zu niedrige Blutzuckerwerte sollten dringend vermieden werden. Diese können im Extremfall zum so genannten hypoglykämischen Schock, also zur Bewusstlosigkeit infolge Zuckermangels im Gehirn, führen.

Gesunde Ernährung dient auch der Vorbeugung

Eine ausgewogene gesunde Ernährung – wie sie dieses Buch mit seinen ausgewählten Rezepten beispielhaft verfolgt – wirkt sich auch deshalb günstig aus, weil durch sie die Kochsalzzufuhr über die Nahrung verringert wird. Dies ist besonders bei Patienten mit hohem Blutdruck von Bedeutung. Da 50 Prozent aller Diabetiker an erhöhtem Blutdruck leiden, stellt die Verminderung der täglichen Einnahme des oft blutdruckerhöhenden Kochsalzes eine wichtige vorbeugende Maßnahme dar.
Auch in der Diabetesvorbeugung spielt die Ernährung eine entscheidende Rolle. Eine Kost, die fettarm ist, wenig gesättigtes Fett und viele Ballaststoffe enthält, ist zusammen mit einer Gewichtsreduktion bei Übergewicht geeignet, einer Entstehung des Typ-2-Diabetes entgegenzuwirken. Vitamine und Mineralstoffe sollten dabei aus natürlich vorkommenden Lebensmitteln (z. B. Gemüse, Obst, Fisch, Nüsse, Samen, Brot mit ganzen Körnern)

Kohlenhydrathaltige Beilagen wie Nudeln, aber auch Kartoffeln und Reis sind ein zentraler Bestandteil der Diabeteskost.

aufgenommen werden. Die Empfehlung zur begrenzten Alkoholaufnahme entspricht der eines Nicht-Diabetikers (bis zu 10 g Alkohol pro Tag für Frauen und bis zu 20 g Alkohol pro Tag für Männer).

Abstimmung der Therapien

Von entscheidender Bedeutung ist auch die Abstimmung von medikamentöser Therapie und körperlicher Arbeit oder sonstiger Bewegung auf die Nahrungszufuhr. Die kurzwirksamen Insuline und Insulinanaloga erlauben heute eine relative flexible Handhabung von Nahrungsaufnahme und Insulinzufuhr. Dennoch sind die Auswahl der Nährstoffe und der glykämische Index der Kohlenhydrate von Bedeutung, die möglichst langsam vom Darm in die Blutbahn gelangen sollen. Große Unregelmäßigkeiten in der täglichen Nahrungsaufnahme und Nahrungsmenge können erheblich zu einer instabilen und schwankenden Stoffwechselsituation eines insulinbedürftigen Typ-1-Diabetikers und auch des Typ-2-Diabetikers beitragen.

Brotsorten wie Vollkorn- oder Schwarzbrot liefern wertvolle Ballaststoffe.

Ist Nachtisch erlaubt?

Nach wie vor gilt das Gebot, dass Diabetiker Haushaltszucker nur in eingeschränkten Mengen zu sich nehmen sollten. Dies betrifft insbesondere die isolierte Gabe von Zucker in Kaffee und Tee und die Fruchtsäfte. Liberaler geworden ist man dagegen gegenüber einer gelegentlichen Zuckerzufuhr in Form eines Stück Kuchens, eines Gebäckstücks oder in Form von Speiseeis. Hier ist der Zucker so in andere Nährstoffe eingebunden, dass sein Verzehr kaum zu erheblichen Blutzuckerschwankungen führt. Der früher so dramatisierend gebrauchte Ausdruck von der „Diätsünde" gilt für solche Situationen sicherlich nicht mehr.

Zweifellos ist der Einsatz von Ballaststoffen im Hinblick auf die Vermeidung von Überzuckerungen (Hyperglykämien) sinnvoll. Der Ballaststoffverzehr ist in den westlichen Industrieländern leider ständig zurückgegangen. Unter diesen Stoffen versteht man eine Mischung verschiedener, chemisch sehr unterschiedlicher Substanzen, die im Darm nicht oder nur sehr langsam aufgeschlossen werden. Die tägliche Ballaststoffaufnahme in der Bundesrepublik Deutschland beträgt zur Zeit etwa 25 g pro Kopf. Um den Blutzuckerspiegel und die Blutfette positiv zu beeinflussen, wird jedoch eine Zufuhr von 40 g Ballaststoffe empfohlen. Es ist schwierig, solch große Mengen allein mit Gemüsen und Salaten zu sich zu nehmen. Daher ist es wichtig zu wissen, dass auch Brote und Backwaren wie Vollkornbrot, Schwarzbrot, Grahambrot, Leinsamenbrot, Kleiebrötchen oder Roggen-, Knäcke- und Haferkekse einen relativ hohen Ballaststoffanteil haben. Das Gleiche gilt für Getreideerzeugnisse wie Weizenkleie, Weizenflocken, Leinsamenkörner, grobe Haferflocken und Müsli. Bei Frischobst sollte man Brombeeren, Himbeeren, Stachelbeeren, Pfirsiche, Pflaumen, Äpfel, Erdbeeren, Apfelsinen, Johannisbeeren und Preiselbeeren bevorzugen. Unter den Gemüsen enthalten Spinat, Knollensellerie, Zuckermais, Rosenkohl, Brokkoli, grüne Bohnen, Lauch, Rote Bete, Rotkohl, Wirsingkohl und Weißkohl viele Ballaststoffe. Grüne und gelbe Erbsen, dunkle und bunte Bohnen sowie Linsen sind bei Hülsenfrüchten zu bevorzugen.

Seewasserfische mit ihrem hohen Gehalt an Omega-3-Fettsäuren sollten wöchentlich auf dem Speiseplan stehen.

Diätetische Nahrungsmittel

Für die Ernährungstherapie spielen die diätetischen Lebensmittel nur eine geringe Rolle. Süßstoffe (z. B. Saccharin, Cyclamat, Aspartame, Acesulfam) können dem Süßungsbedürfnis des Diabetikers entgegenkommen, ohne dass sie berechnet werden müssen. Dies liegt daran, dass diese Süßstoffe praktisch kalorienfrei sind und im Übrigen in den üblichen Dosen nicht zu Schäden führen. Zuckeraustauschstoffe und Fruchtzucker haben in den letzten Jahren an Bedeutung verloren. So genanntes Diabetikerbrot, Diabetikermehl, Diabetikertee, Diabetikerwein, Diätbier und ähnliche Produkte finden zwar immer noch Käufer, werden jedoch seit Jahr und Tag von allen Diabeteskennern als unnötig erachtet und abgelehnt.

Kohlenhydratberechnung und Einschätzung der Nährstoffe

Bei der Ernährungstherapie für Diabetiker ist das Erlernen der Nährstoffzusammensetzung und der Kohlenhydratberechnung ein wichtiger Schritt. Gerade weil man in der Ernährungstherapie vermehrt Rücksicht auf die individuellen Bedürfnisse der Patienten nimmt, setzt dies bei den Betroffenen ein umfassendes Wissen voraus. Deshalb ist es notwendig, dass Patienten unter Anleitung einer Diätassistentin, Diabetesberaterin oder des Hausarztes lernen, wie man die tägliche Kost einschätzt, berechnet und Ernährungstherapie, medikamentöse Behandlung und körperliche Betätigung optimal aufeinander abstimmt. Erleichtert wird dies bei den Gerichten in diesem Buch durch die Nährwertberechnungen zu jedem Rezept.

Die Ernährungstherapie spielt bei jeder Diabetesbehandlung eine wichtige Rolle. Sie ist heutzutage jedoch soweit liberalisiert, dass die Diabeteskost keineswegs wenig wohlschmeckend und genussvoll sein muss. Es gibt sie also, die gesunde „Feinschmeckerküche für Diabetiker". Lassen Sie es sich schmecken!

Prof. Dr. Anette-G. Ziegler und Prof. Dr. Hellmut Mehnert

Frühstück

(VON FENCHELROHKOST BIS TOMATEN MIT MOZZARELLA)

Krabbenbrot

200 g gekochte, ausgelöste Krabben
1 EL Zitronensaft
Salz · Pfeffer aus der Mühle
je ½ Bund Basilikum und Dill
4 Scheiben Roggenvollkornbrot
20 g Butter

1 Die Krabben mit dem Zitronensaft mischen und mit etwas Salz und Pfeffer würzen.

2 Die Kräuter waschen und trockenschütteln. Die Basilikumblättchen und die Dillzweige von den Stielen zupfen. Ein paar schöne Blättchen und Zweige für die Garnitur beiseite legen. Den Rest grob hacken und unter die Garnelen rühren.

3 Die Brote mit der Butter bestreichen und die Kräuterkrabben darauf anrichten. Mit den Kräutern garnieren.

TIPP: *Noch gehaltvoller werden die Krabbenbrote, wenn Sie unter die Krabbenmischung 2 EL Salatmayonnaise rühren. Verwenden Sie dann knusprige Skorpa, getoastete Schwedenbrötchen aus Vollkornweizen.*

Pro Portion: 205 kcal/857 kJ · 14 g E · 6 g F · 25 g KH · 84 mg Cholesterin · 2 BE

Œuf en cocotte

Für 4 kleine Weckgläser:
120 g Kochschinken
½ Lauchstange
10 g Butter
Salz · Pfeffer aus der Mühle
Muskatnuss
50 g Sahne
4 Eier

1 Den Backofen auf 100 °C vorheizen. Den Kochschinken in kleine Würfel schneiden. Den Lauch putzen, waschen und ebenfalls in kleine Würfel schneiden.
Die Butter in einer Pfanne zerlassen und die Schinken- und Lauchwürfel darin andünsten. Mit etwas Salz, Pfeffer und frisch geriebener Muskatnuss würzen.
Die Sahne hinzufügen, kurz aufkochen und die Masse gleichmäßig auf die Weckgläser (ca. à 120 ml) verteilen.

2 Jeweils ein Ei aufschlagen und vorsichtig auf das Lauch-Schinken-Ragout setzen. Die Weckgläser mit einem Deckel dicht verschließen und in eine Auflaufform oder in ein tiefes Backblech setzen. So viel Wasser angießen, dass die Gläser gut zur Hälfte im Wasser stehen. Das Lauch-Schinken-Ragout mit den Eiern im Ofen etwa 8 Minuten pochieren. Die Deckel abnehmen und heiß servieren.

Pro Portion: 192 kcal/803 kJ · 15 g E · 14 g F · 1 g KH · 274 mg Cholesterin · 0 BE

Quarkdips

600 g Magerquark
2 TL Currypulver (mild)
2 EL Ananassaft (naturrein)
je ½ Apfel und Pfirsich
Salz · Pfeffer aus der Mühle
je ½ Bund Dill, Petersilie und Schnittlauch
2 Korianderstiele
100 g Salatgurke
je ¼ rote und gelbe Paprika
2 TL Paprikapulver (edelsüß)
¼ Knoblauchzehe

1 Für den Currydip 200 g Quark mit Currypulver und Ananassaft glatt rühren. Apfel und Pfirsich schälen und in kleine Würfel schneiden. Die Obstwürfel unter den Quark heben. Den Dip mit Salz und Pfeffer abschmecken.

2 Für den Kräuterdip die Kräuter waschen und trockenschütteln. Die Blättchen abzupfen und fein hacken, Schnittlauch in Röllchen schneiden. Die Kräuter mit 200 g Quark verrühren. Salatgurke schälen, in sehr kleine Würfel schneiden und unter den Quark heben. Kräuterquark mit Salz und Pfeffer pikant abschmecken.

3 Für den Paprikadip die Paprikaschoten putzen und das Kerngehäuse entfernen. Die Schoten waschen und in sehr kleine Würfel schneiden. Den restlichen Quark mit dem Paprikapulver und den Paprikawürfeln verrühren. Den Knoblauch fein hacken und unterrühren. Den Quark mit dem Stabmixer pürieren.

TIPP: *Zum Dippen eignen sich Selleriestangen, Möhren oder Fenchelscheiben. Die Quarkdips schmecken auch als Brotaufstrich oder als Beilage zu Ofenkartoffeln.*

Pro Portion: 151 kcal/635 kJ · 22 g EW · 1 g F · 13 g KH · 1 mg Cholesterin · 1 BE

Brie-Mango-Panino

4 Vollkornpanini
2 TL Aprikosenkonfitüre
200 g magerer Brie
½ Mango
½ Salatgurke

1 Die Panini halbieren und jeweils beide Hälften mit der Aprikosenkonfitüre bestreichen.

2 Den Brie in dünne Scheiben schneiden. Die Mango und die Gurke waschen, schälen und ebenfalls in Scheiben schneiden.

3 Die Paninihälften schichtweise mit den Käse-, Mango- und Gurkenscheiben belegen. Nach Belieben mit gehacktem Kreuzkümmel bestreuen.

TIPP: *Anstelle des Briekäses können Sie auch andere Weichkäsesorten verwenden, wie z. B. Camembert, Münster oder Romadur. Bevorzugen Sie jeweils einen möglichst niedrigen Fettgehalt.*

Pro Portion: 269 kcal/1128 kJ · 17 g E · 10 g F · 28 g KH · 21 mg Cholesterin · 2 ½ BE

Fenchelrohkost mit Pfirsich

1 Fenchelknolle
1 Pfirsich
2 EL Traubenkernöl
1 EL Zitronensaft
Salz

1 Den Fenchel putzen und waschen, dabei das Grün beiseite legen. Die Fenchelknolle halbieren und in feine Streifen schneiden. Den Pfirsich waschen, halbieren und den Stein entfernen. Die Pfirsichhälften in dünne Scheiben schneiden.

2 Für die Marinade das Traubenkernöl und den Zitronensaft verrühren. Mit Salz abschmecken. Die Fenchelstreifen und die Pfirsichscheiben mit der Marinade mischen und vor dem Servieren etwa 1 Stunde ziehen lassen.

TIPP: *Viele Gemüse eignen sich hervorragend als Rohkost: z. B. Stangensellerie, Möhren, Frühlingszwiebeln oder Kohlrabi. Geschält und in Stifte geschnitten serviert man sie am besten mit einer Kräutervinaigrette zum Dippen. Zu frischen, leichten Salaten lassen sich auch andere Obst- und Gemüsesorten kombinieren: etwa Möhren und Äpfel oder Rotkohl und Preiselbeeren.*

Pro Portion: 71 kcal/296 kJ · 1 g E · 5 g F · 5 g KH · 0 mg Cholesterin · 0 BE

Pancake mit Sanddorn

3 Eier
300 ml Dickmilch (1,5 % Fett) · Salz
80 g Weizenvollkornmehl
20 g Butter
100 ml Sanddorn-Fruchtmark (mit Honig gesüßt)

1 Die Eier trennen. Die Eigelbe, die Dickmilch, etwas Salz und die Hälfte des Zuckers glatt rühren und das Mehl unterheben.

2 Die Eiweiße mit dem restlichen Zucker steif schlagen und unter den Teig heben.

3 In einer beschichteten Pfanne jeweils 5 g Butter zerlassen und ein Viertel des Teigs dazugeben. Die Pancakes bei mittlerer Hitze auf beiden Seiten goldgelb backen und vor dem Servieren mit dem Sanddornmark beträufeln.

TIPP: *Natürlich können Sie auch jedes andere Fruchtmark verwenden. Allerdings passt der leicht bittere Geschmack des Sanddorns besonders gut zu den Pancakes.*

Pro Portion: 224 kcal/941 kJ · 11 g E · 12 g F · 17 g KH · 195 mg Cholesterin · 1 ½ BE

Vollkornreis mit frischer Feige

½ l Milch (1,5 % Fett)
125 g Vollkorn-Rundreis
Mark von 1 Vanilleschote
Salz
1 TL abgeriebene unbehandelte Zitronenschale
100 g Joghurt (0,1 % Fett)
2 TL brauner Zucker
10 g Zimtpulver
4 frische Feigen

1 Die Milch mit der gleichen Menge Wasser in einen Topf geben. Reis, Vanillemark, etwas Salz und die Zitronenschale dazugeben und kurz aufkochen. Den Reis zugedeckt bei schwacher Hitze etwa 40 Minuten quellen und danach abkühlen lassen.

2 Den Joghurt und den braunen Zucker unter den erkalteten Reis rühren und auf die Schälchen verteilen. Mit Zimt bestreuen. Die Feigen waschen und vierteln. Die Feigenviertel sternförmig auf dem Reis anordnen.

TIPP: *Den Milchreis können Sie anstatt mit frischen Feigen auch wunderbar mit geviertelten Pflaumen oder Zwetschgen belegen.*

Pro Portion: 214 kcal/898 kJ · 8 g E · 3 g F · 38 g KH · 8 mg Cholesterin · 3 BE

Sardellen-Gemüse-Salat

4 große Sardellen (küchenfertig)
Salz · Pfeffer aus der Mühle
150 ml Olivenöl
Saft von 2 Zitronen
1 Zucchino · 1 Tomate
½ Aubergine
1 Artischockenboden (aus dem Glas)
je 1 Bund Rucola und Löwenzahn
1 EL Aceto balsamico

1 Die Sardellen in der Mitte aufklappen, auf beiden Seiten mit Salz und Pfeffer würzen. In einer Pfanne 2 EL Olivenöl erhitzen und die Sardellen darin auf beiden Seiten goldbraun braten. Den Zitronensaft und 5 EL Olivenöl verrühren und die Sardellen mit der Hälfte der Marinade begießen.

2 Den Zucchino putzen, waschen und in Scheiben schneiden. Die Tomate überbrühen, häuten, halbieren und entkernen. Die Aubergine putzen, waschen und in dünne Scheiben schneiden. Den Artischockenboden in Streifen schneiden. In einer Pfanne 2 EL Olivenöl erhitzen und das Gemüse darin anbraten. Das Gemüse mit der restlichen Marinade mischen.

3 Den Rucola und den Löwenzahn putzen, waschen und trockenschütteln. Den Essig mit dem restlichen Olivenöl und etwas Salz und Pfeffer verrühren. Die Salatblätter auf Tellern anrichten und mit der Marinade beträufeln. Das Gemüse und die Sardellen darauf anrichten.

Pro Portion: 41 kcal/171 kJ · 3 g E · 1 g F · 5 g KH · 1 mg Cholesterin · 0 BE

Paprikaquark mit Apfel und Pappadum

1 säuerlicher Apfel
1 Essiggurke
200 g Magerquark
Salz · Pfeffer aus der Mühle
10 g Paprikapulver (edelsüß)
je 1 Dill- und Korianderstiel
4 Pappadums (indische Linsenfladen)
100 ml Olivenöl

1 Den Apfel schälen und in kleine Würfel schneiden. Die Essiggurke ebenfalls in feine Würfel schneiden. Beides mit dem Quark vermischen. Den Quark mit Salz, Pfeffer und Paprikapulver würzen.

2 Die Kräuter waschen und trockenschütteln. Die Korianderblättchen abzupfen und zusammen mit dem Dill hacken. Die Kräuter unter den Quark rühren.

3 Die Fladen in ein feuchtes Baumwolltuch einschlagen, damit sie weich werden, und dann mit einer Schere in Streifen schneiden. Das Olivenöl in einer Pfanne stark erhitzen und die Streifen darin kurz anbraten. Auf Küchenpapier abtropfen lassen. Die Pappadumstreifen auf dem Quark anrichten.

TIPP: *Anstelle der Pappadums können Sie auch Bamberger Hörnchen verwenden, eine Kartoffelsorte mit gelbem Fleisch und sehr würzigem Geschmack.*

Pro Portion: 86 kcal/359 kJ · 8 g E · 2 g F · 2 g KH · 0 mg Cholesterin · ½ BE

Tomaten mit Mozzarella

2 Bund Basilikum
4 feste Fleischtomaten
250 g Mozzarella
Salz · Pfeffer aus der Mühle
1 Schalotte
1 Knoblauchzehe
½ Bund Schnittlauch
½ TL getrockneter Oregano
3 EL Aceto balsamico
4 EL Olivenöl

1 Das Basilikum waschen und trockenschütteln, die Blätter von den Stielen zupfen. Vier Teller mit den Blättern belegen.

2 Die Tomaten waschen und in Scheiben schneiden. Mozzarella abtropfen lassen und ebenfalls in Scheiben schneiden. Tomaten- und Mozzarellascheiben auf dem Basilikum abwechselnd dachziegelartig anrichten, mit Salz und Pfeffer würzen.

3 Für die Vinaigrette die Schalotte und den Knoblauch schälen und fein hacken. Den Schnittlauch waschen, trockenschütteln und in feine Röllchen schneiden. Alles mit Oregano, Essig und Olivenöl verrühren. Mit Salz und Pfeffer würzen und über die Tomaten- und Käsescheiben träufeln.

TIPP: *Die Tomaten mit Mozzarella können Sie statt mit der Kräutervinaigrette auch mit Pesto (siehe Rezept S. 50) anrichten.*

Pro Portion: 405 kcal/1698 kJ · 15 g E · 36 g F · 6 g KH · 29 mg Cholesterin · 0 BE

Vorspeisen

(VON BULGURSALAT BIS SPARGELSALAT)

Kartoffeldressing

1 mittelgroße Kartoffel (ca. 120 g)
100 ml Traubenkernöl
2 EL Champagneressig
100 ml Geflügelbrühe (siehe Rezept S. 42)
Salz
Pfeffer aus der Mühle

1 Kartoffel gar kochen, pellen und noch warm durch die Kartoffelpresse drücken.

2 Die Kartoffel mit dem Traubenkernöl, dem Essig und der Geflügelbrühe glatt rühren und mit Salz und Pfeffer abschmecken.

TIPP: *Zu diesem Dressing passen besonders gut Gartenkresse und in feine Streifen geschnittene Radieschen. Wenn Sie das Kartoffeldressing mit jeweils nur der halben Menge Öl und Brühe zubereiten, eignet es sich auch als Dip für Rohkoststicks.*

Pro Portion: 244 kcal/1022 kJ · 1 g E · 25 g F · 5 g KH · 0 mg Cholesterin · 0 BE

Sauce aus sechs Kräutern

je 2–3 Stiele Petersilie, Basilikum, Schnittlauch, Kerbel, Estragon und Dill
180 g Sahne
1 mittelgroße Kartoffel (mehlig kochend)
Salz
Pfeffer aus der Mühle

1 Die Kräuter waschen und trockenschütteln. Die Petersilien-, Basilikum-, Kerbel- und Estragonblätter abzupfen und zusammen mit den Dillspitzen fein hacken. Den Schnittlauch in feine Röllchen schneiden.

2 Die Sahne in einem Topf kurz aufkochen und vom Herd nehmen. Die Kräuter hinzufügen und mit dem Stabmixer fein pürieren. Die Kartoffel gar kochen, pellen und noch warm durch die Kartoffelpresse drücken.

3 Die Kräutersahne und die Kartoffel gut miteinander vermischen und die Sauce mit Salz und Pfeffer würzen.

TIPP: *Diese frische und aromatische Sauce passt hervorragend zu gedünstetem Gemüse, wie z. B. Blumenkohl, Brokkoli, Schwarzwurzeln und Möhren.*

Pro Portion: 159 kcal/667 kJ · 2 g E · 14 g F · 6 g KH · 49 mg Cholesterin · 1/2 BE

Currydressing

5 g Butter
1 TL Currypulver (Madras mild)
100 ml Geflügelbrühe (siehe Rezept S. 42)
1 sehr frisches Eigelb
100 ml Traubenkernöl
2 EL saure Sahne
2 TL Champagneressig
1 EL Ananassaft (naturrein)
Salz
Pfeffer aus der Mühle
flüssiger Süßstoff

1 Die Butter in einem kleinen Topf erhitzen. Das Currypulver darin anschwitzen und mit der Geflügelbrühe ablöschen. Den Curryfond auf die Hälfte einkochen lassen.

2 Für die Mayonnaise das Eigelb, den Curryfond und das Traubenkernöl mit dem Stabmixer aufschlagen. Die Mayonnaise mit saurer Sahne, Essig, Ananassaft, etwas Salz, Pfeffer und Süßstoff abschmecken.

TIPP: *Das Currydressing eignet sich besonders gut für Gerichte mit Fisch (siehe Rezept S. 31) oder mit Krustentieren wie Gambas, Hummer oder Langostinos. Auch einem Chicoréesalat mit tropischen Früchten (z. B. mit Mango- und Bananenstücken) gibt dieses Dressing eine exotische Note.*

Pro Portion: 273 kcal/1142 kJ · 1 g E · 30 g F · 1 g KH · 73 mg Cholesterin · 0 BE

Limettenvinaigrette

2 Limetten
100 ml Olivenöl
5 EL Geflügelbrühe (siehe Rezept S. 42)
Salz
Pfeffer aus der Mühle
flüssiger Süßstoff

1 Die Limetten auspressen. Den Limettensaft mit dem Olivenöl und der Geflügelbrühe zu einer Vinaigrette verrühren.

2 Die Vinaigrette mit Salz, Pfeffer und Süßstoff abschmecken.

TIPP: *Diese Vinaigrette eignet sich vor allem für Fischgerichte. Sie können sie nach Belieben mit gehacktem Koriandergrün verfeinern. Wer es gern scharf mag, gibt jeweils ein kleines Stück fein gehackte rote und grüne Chilischote in die Vinaigrette.*

Pro Portion: 244 kcal/1022 kJ · 1 g E · 25 g F · 5 g KH · 0 mg Cholesterin · 0 BE

Gefüllte Artischockenböden

8 mittelgroße Artischocken
Salz
Saft von 1 Zitrone
1 kleine Möhre
100 g Knollensellerie
100 g Zucchini
50 g Lauch
4 EL Olivenöl
1 hart gekochtes Ei
2 Cornichons
1 TL Kapern
¼ Sardellenfilet
1 Schalotte
1 kleines Bund Petersilie
4 Tomaten

Für die Vinaigrette:
100 ml Olivenöl
2 EL Zitronensaft
1 ½ EL Geflügelbrühe (siehe Rezept S. 42)
Salz
Pfeffer aus der Mühle

1 Die harten Blätter der Artischocken rundherum vom Bodenrand schneiden. Die inneren Blätter knapp über dem Boden abschneiden. Die noch verbliebenen Blattansätze an der Bodenunterseite entfernen und das Heu mit einem Kugelausstecher herauslösen. Die Artischockenböden in sprudelndes Salzwasser geben und den Zitronensaft fast vollständig hinzugeben. In etwa 5 bis 10 Minuten weich kochen. Kalt abschrecken und abtropfen lassen.

2 Für die Gemüsefüllung die Möhre und den Sellerie schälen. Die Zucchini und den Lauch putzen und waschen. Das Gemüse in kleine Würfel schneiden. In einem Topf 2 EL Olivenöl erhitzen und die Gemüsewürfel darin andünsten.

3 Das hart gekochte Ei, die Cornichons, die Kapern und das Sardellenfilet fein hacken. Die Schalotte schälen und fein hacken. Die Petersilie waschen und trockenschütteln. Die Blättchen abzupfen und ebenfalls fein hacken. Alles zu den Gemüsewürfeln in den Topf geben und mit Salz, 1 EL Olivenöl und 1 Spritzer Zitronensaft abschmecken.

4 Die Tomaten überbrühen, häuten, vierteln und entkernen. 1 EL Olivenöl in einer Pfanne erhitzen und die Tomaten darin bei schwacher Hitze dünsten. Die Tomatenviertel sternförmig auf den Tellern anrichten. Das Gemüse in die Artischockenböden füllen und je zwei Böden auf die Tomaten setzen.

5 Für die Vinaigrette das Olivenöl, den Zitronensaft und die Geflügelbrühe verrühren. Mit Salz und Pfeffer abschmecken und über die Artischocken träufeln.

TIPP: *Wenn es einmal schnell gehen soll, können Sie diese Vorspeise natürlich auch mit eingelegten Artischockenböden aus dem Glas zubereiten. Achten Sie aber bitte darauf, dass die Artischockenböden nicht mit Zucker versetzt sind.*

Pro Portion: 413 kcal/1730 kJ · 9 g E · 37 g F · 10 g KH · 60 mg Cholesterin · 0 BE

Gemüseterrine auf Löwenzahn

300 g Champignons
2 Schalotten
50 g Butter
Salz · Pfeffer aus der Mühle
300 g Sahne
3 Blatt Gelatine
3 Tomaten
2 Möhren · 2 Zucchini
100 g Kenia-Bohnen
1 Lauchstange
1 Bund Dill
100 g saure Sahne
Saft von ½ Zitrone
2 Bund Löwenzahn

1 Pilze putzen und hacken. Schalotten schälen, in Würfel schneiden und in der Butter andünsten. Pilze hinzufügen, mit Salz und Pfeffer würzen. Sahne angießen und auf die Hälfte einkochen lassen. Pürieren und durch ein Sieb passieren. Gelatine in kaltem Wasser einweichen, ausdrücken und unter die Pilzmousse rühren.

2 Tomaten überbrühen, häuten, vierteln und entkernen. Die Möhren schälen. Zucchini und Bohnen putzen. Möhren, Zucchini und Bohnen in Stifte schneiden und in Salzwasser weich kochen. Lauch in einzelne Blätter trennen und ebenfalls weich kochen. Eine halbrunde Terrinenform mit den Lauchblättern auslegen. Etwas Pilzmousse angießen und die erste Schicht Gemüsestifte einlegen. Mousse darüber geben und die Tomaten darauf legen. Wiederum Mousse angießen und das restliche Gemüse darüber verteilen. Mit Pilzmousse abschließen und mit den restlichen Lauchblättern belegen. Terrine mindestens 4 Stunden kalt stellen.

3 Für das Dressing den Dill waschen und hacken. Saure Sahne mit dem gehackten Dill verrühren und mit etwas Salz, Pfeffer und Zitronensaft abschmecken. Löwenzahn putzen, waschen, trockenschütteln und auf Tellern anrichten. Den Salat mit dem Dressing beträufeln. Die Gemüseterrine in Scheiben schneiden und darauf anrichten.

Pro Portion: 419 kcal/1754 kJ · 10 g E · 36 g F · 14 g KH · 107 mg Cholesterin · 0 BE

Kräutersalat im Käsekörbchen

Für die Käsekörbchen:

70 g fein geriebener Parmesan

30 g fein geriebener Greyerzer

Für den Salat:

je 2 Bund Kerbel, Petersilie und Basilikum

je 1 Bund Koriander, Schnittlauch und Estragon

1 Rolle Ziegenkäse (in Asche)

200 ml frisch gepresster Orangensaft

1 TL Walnussöl

1 TL Traubenkernöl

flüssiger Süßstoff

Für die Garnitur:

2 kleine Fenchelknollen

2 EL Olivenöl

Salz

Pfeffer aus der Mühle

1 Für die Käsekörbchen den Backofen auf 180 °C vorheizen. Auf einem Stück Backpapier vier Kreise (à 10 cm Durchmesser) einzeichnen. Das Backpapier auf ein Backblech legen. Beide Käsesorten miteinander vermischen und die Kreise damit dünn ausstreuen. Das Blech in den heißen Ofen schieben und den Käse in 4 bis 5 Minuten schmelzen lassen.

2 Die Käsekreise aus dem Ofen nehmen, mithilfe eines Messers vom Backpapier lösen. Jeden Käsekreis in eine Tasse drücken und erkalten lassen. Vorsichtig aus der Tasse lösen.

3 Für den Salat die Kräuter waschen und trockenschütteln. Die Blätter abzupfen, den Schnittlauch in Röllchen schneiden. Den Ziegenkäse in kleine Würfel schneiden und mit den Kräutern mischen.

4 Für das Dressing den Orangensaft auf die Hälfte einkochen lassen und mit dem Walnuss- und Traubenkernöl vermischen. Mit Salz, Pfeffer und Süßstoff abschmecken und gründlich verrühren. Den Kräutersalat mit dem Orangendressing mischen und in die Käsekörbchen füllen.

5 Den Fenchel von den äußeren Blättern befreien, waschen, vierteln und in feine Scheiben schneiden. Das Olivenöl in einer Pfanne erhitzen und die Fenchelscheiben darin goldgelb anbraten, mit Salz und Pfeffer würzen. Die gefüllten Käsekörbchen auf den gebratenen Fenchelscheiben anrichten.

TIPP: *Dieser Salat wird mit jeweils zwei Scheiben Vollkornbrot zu einer sättigenden Sommermahlzeit.*

Pro Portion: 361 kcal/1510 kJ · 20 g E · 26 g F · 11 g KH · 45 mg Cholesterin · ½ BE

Gemüsesalat „Chinoise“

jeweils ¼ gelbe und rote Paprika
4 grüne Spargelstangen
½ Möhre
50 g Zuckerschoten
½ Lauchstange
1 Selleriestange
100 g Chinakohl
2 EL Sesamöl
100 g Sojabohnensprossen · Salz
4 Kopfsalatblätter

Für die Vinaigrette:
50 g Sesamsamen
1 Bund Koriander
10 g frischer Ingwer
½ Knoblauchzehe
100 ml Sesamöl
5 EL Geflügelbrühe (siehe Rezept S. 42)
2 EL Reisessig
1 TL Sojasauce
Kreuzkümmel
Chilipulver
flüssiger Süßstoff

1 Paprikaschoten putzen und das Kerngehäuse entfernen. Die Paprika waschen und in feine Streifen schneiden. Die Spargelstangen am unteren Ende schälen und schräg in größere Stücke schneiden. Möhre schälen und in Streifen schneiden. Zuckerschoten, Lauch und Sellerie putzen und ebenfalls in Streifen schneiden. Den Chinakohl in einzelne Blätter zerteilen, waschen und abtropfen lassen. Die Blätter in Streifen schneiden.

2 Das Sesamöl in einem Wok oder einer großen Pfanne erhitzen. Paprika, Möhren und Spargel darin bei starker Hitze anbraten.

3 Nach etwa 3 Minuten die Zuckerschoten, den Lauch und den Sellerie hinzufügen. Nach weiteren 3 Minuten die Sojabohnensprossen und den Chinakohl kurz mitbraten. Das Gemüse mit etwas Salz würzen. Die Salatblätter waschen und trockentupfen.

4 Für die Vinaigrette die Sesamsamen in einer beschichteten Pfanne ohne Fett unter Wenden rösten, bis sie leicht gebräunt sind und duften. Den Koriander waschen und trockenschütteln. Die Blättchen abzupfen und fein hacken. Den Ingwer schälen und fein reiben. Den Knoblauch fein hacken.

5 Sesamöl, Geflügelbrühe, Reisessig und Sojasauce zu einer Vinaigrette verrühren. Sesamsamen, Koriander, Ingwer und Knoblauch unterrühren. Mit etwas Kreuzkümmel, Chilipulver und Süßstoff würzen.

6 Das Gemüse mit der Vinaigrette mischen und auf je einem Blatt Kopfsalat servieren.

TIPP: *Wenn Sie den Salat als Hauptmahlzeit servieren möchten, können Sie zum Schluss noch Glasnudeln oder Vollkornspaghetti unterheben.*

Pro Portion: 395 kcal/1653 kJ · 8 g E · 37 g F · 9 g KH · 1 mg Cholesterin · 0 BE

Rotbarbenfilets auf Selleriesalat

200 g Brunnenkresse
3 Selleriestangen
8 Champignons
4 mittelgroße Rotbarbenfilets (ca. 300 g)
Salz · Pfeffer aus der Mühle
1 Thymianzweig
200 g saure Sahne
Saft von 1 Zitrone
1 TL Olivenöl
1 TL grober Senf (Moutarde de Meaux)

1 Die Brunnenkresse verlesen, waschen und gut abtropfen lassen. Die Selleriestangen putzen, waschen und in feine Scheiben schneiden. Die Champignons putzen und ebenfalls in Scheiben schneiden.

2 Die Fischfilets waschen und trockentupfen. Mit Salz und Pfeffer würzen. Die Fischfilets mit dem Thymianzweig in eine beschichtete Pfanne legen und die Filets auf der Hautseite langsam knusprig braten. Aus der Pfanne nehmen und warm stellen.

3 Für das Dressing die saure Sahne, den Zitronensaft, das Olivenöl und den Senf mit etwas Salz und Pfeffer verrühren. Den Sellerie, die Champignons und die Kresse damit mischen. Den Salat mit den Fischfilets anrichten.

TIPP: *Anstelle der Rotbarbenfilets eignen sich auch sehr gut Zander- oder Rochenfilets. Sie können diesen Salat auch variieren, indem Sie statt des hier beschriebenen Saure-Sahne-Dressings eine Limettenvinaigrette (siehe Rezept S. 25) zubereiten.*

Pro Portion: 178 kcal/744 kJ · 18 g E · 9 g F · 5 g KH · 18 mg Cholesterin · 0 BE

Spargelsalat mit Poulardenbrust

12 weiße Spargelstangen
40 g Butter
Salz · flüssiger Süßstoff
2 Poulardenbrustfilets (ohne Haut; ca. 400 g)
2 Eiweiß
100 g Sesamsamen
1 EL Pflanzenöl
1 Tomate

Für die Vinaigrette:
100 ml Traubenkernöl
2 EL Champagneressig
4 TL Geflügelbrühe (siehe Rezept S. 42)
Salz
Pfeffer aus der Mühle
flüssiger Süßstoff
1 Bund Kerbel

1 Den Spargel schälen und die holzigen Enden abschneiden. In einem breiten Topf 200 ml Wasser mit 20 g Butter, etwas Salz und Süßstoff aufkochen. Die Spargelstangen in den Fond legen und in etwa 15 Minuten weich kochen.

2 Den Spargel aus dem Topf nehmen und in kaltem Wasser abschrecken. Die Spargelköpfe abschneiden und beiseite legen, die restlichen Stangen schräg in Stücke schneiden.

3 Das Traubenkernöl, den Essig und die Geflügelbrühe zu einer Vinaigrette verrühren. Mit Salz, Pfeffer und etwas Süßstoff würzen. Den Kerbel waschen und trockenschütteln. Die Blättchen abzupfen, fein hacken und unterrühren. Die Spargelstücke mit dem Dressing mischen und auf Tellern anrichten.

4 Die Poulardenbrustfilets waschen und trockentupfen. Mit Salz und Pfeffer würzen. Das Eiweiß leicht schaumig schlagen. Die Filets zunächst im Eiweiß, dann in den Sesamsamen wenden. Das Öl und die restliche Butter in einer Pfanne erhitzen und die Poulardenbrüste darin von beiden Seiten goldbraun braten. Aus der Pfanne nehmen, der Länge nach in Scheiben schneiden und auf dem Spargelsalat anrichten. Die Tomate überbrühen, häuten, halbieren und entkernen. Die Hälften in Würfel schneiden und über den Salat geben.

TIPP: *Anstelle der Poularde können Sie auch anderes Geflügelfleisch verwenden, z.B. Perlhuhn- oder Hähnchenbrust.*

Pro Portion: 593 kcal/2481 kJ · 32 g E · 50 g F · 6 g KH · 84 mg Cholesterin · 0 BE

Ricotta-Spinat-Taschen

500 g junger Spinat
1 Schalotte
1 EL Olivenöl
1 Knoblauchzehe
Salz · Pfeffer aus der Mühle
8 Blätter Filo-Teig
200 g Ricotta
20 g flüssige Butter
2 Tomaten
½ Kopf Friséesalat
Limettenvinaigrette
(siehe Rezept S. 25)

1 Den Spinat verlesen, waschen und gut abtropfen lassen. Die Schalotte schälen und fein hacken. Das Olivenöl in einer Pfanne erhitzen und die Schalotten darin andünsten. Den Knoblauch schälen und dazupressen. Den Spinat dazugeben und zusammenfallen lassen. Mit Salz und Pfeffer würzen und abkühlen lassen.

2 Backofen auf 180 °C vorheizen. Den Filo-Teig ausbreiten und mit einem Glas Kreise (à 8 cm Durchmesser) ausstechen. Spinat und Ricotta mischen und jeweils auf die obere Hälfte der Teigkreise verteilen. Untere Teighälfte und den Rand dünn mit flüssiger Butter bestreichen. Untere Teighälfte über die Füllung schlagen und am Rand gut festdrücken. Im Ofen in etwa 20 Minuten goldgelb backen.

3 Tomaten halbieren, entkernen und in Streifen schneiden. Den Salat putzen, zerteilen, waschen und trockenschütteln. Mit den Tomatenfilets und der Limettenvinaigrette mischen und auf Teller verteilen. Die Spinattaschen darauf anrichten.

Pro Portion: 175 kcal/730 kJ · 9 g E · 12 g F · 7 g KH · 47 mg Cholesterin · 0 BE

Gurkensalat mit Gambas

1 Salatgurke
2 EL Pflanzenöl
Salz
Pfeffer aus der Mühle
1 Bund Schnittlauch
½ Knoblauchzehe
1 kleine Chilischote
4 EL Traubenkernöl
2 TL Champagneressig
2 TL Geflügelbrühe
(siehe Rezept S. 42)
flüssiger Süßstoff
12 Gambas

1 Die Gurke schälen, halbieren, vom Kerngehäuse befreien und in feine Streifen schneiden. 1 EL Öl in einer Pfanne erhitzen und die Gurkenstreifen darin kurz anbraten. In eine Schüssel geben, salzen, pfeffern und zudecken.

2 Schnittlauch waschen, trockenschütteln und in feine Röllchen schneiden. Den Knoblauch und die Chilischote fein hacken. Schnittlauch, Knoblauch und Chili mit den Gurkenstreifen mischen.

3 Das Traubenkernöl, den Essig und die Geflügelbrühe zu einer Vinaigrette verrühren. Mit Salz, Pfeffer und etwas Süßstoff würzen. Die Vinaigrette über die Gurkenstreifen träufeln.

4 Gambas aus der Schale brechen und den Darmstrang entfernen. Abbrausen, trockentupfen und leicht salzen. Das restliche Öl erhitzen und die Gambas darin von beiden Seiten goldbraun braten. Auf dem lauwarmen Gurkensalat anrichten.

Pro Portion: 227 kcal/954 kJ · 12 g E · 19 g F · 3 g KH · 87 mg Cholesterin · 0 BE

Bohnensalat mit Kalbsleber

250 g Kenia-Bohnen
Salz
2 kleine rote Zwiebeln
8 EL Olivenöl
2 EL Aceto balsamico
2 TL Geflügelbrühe (siehe Rezept S. 42)
Pfeffer aus der Mühle
240 g Kalbsleber
5 g Butter
4 Champignons

1 Die Bohnen putzen. Reichlich Salzwasser zum Kochen bringen und die Bohnen darin 2 bis 3 Minuten blanchieren. Abgießen und kalt abschrecken. Die roten Zwiebeln schälen, in feine Scheiben schneiden und ebenfalls kurz blanchieren. Abgießen und mit einem Küchentuch trockentupfen.

2 Für die Vinaigrette 6 EL Olivenöl, den Essig und die Geflügelbrühe verrühren. Mit Salz und Pfeffer würzen. Die Bohnen und die Zwiebeln mit der Vinaigrette vermischen und auf Teller verteilen.

3 Die Kalbsleber in dünne Scheiben schneiden. 2 EL Olivenöl und die Butter in einer Pfanne aufschäumen und die Leber darin kurz von beiden Seiten bräunen, mit Salz würzen.

4 Die Leber auf dem Bohnensalat anrichten. Die Champignons putzen, in feine Scheiben schneiden und darüber verteilen.

Pro Portion: 171 kcal/714 kJ · 14 g E · 10 g F · 6 g KH · 228 mg Cholesterin · 0 BE

Rinderfiletscheiben auf Spinat

je ½ rote und gelbe Paprika
5 EL Olivenöl
Saft von 2 Zitronen
5 EL Geflügelbrühe (siehe Rezept S. 42)
Salz
Pfeffer aus der Mühle
250 g junger Spinat
300 g Rinderfilet
1 Tomate
8 Basilikumblätter

1 Für die Vinaigrette die Paprikaschoten putzen und die Kerngehäuse entfernen. Die Schoten waschen und in sehr kleine Würfel schneiden. 4 EL Olivenöl, den Zitronensaft und die Geflügelbrühe verrühren und mit Salz und Pfeffer würzen. Die Paprikawürfel in die Vinaigrette geben.

2 Den Spinat verlesen, waschen und sehr gut abtropfen lassen. Das Rinderfilet in dünne Scheiben schneiden, mit Salz und Pfeffer würzen. 1 EL Olivenöl in einer Pfanne erhitzen und die Rinderfiletscheiben darin bei starker Hitze von beiden Seiten anbraten. Den Spinat mit einem Teil der Paprikavinaigrette mischen und kreisförmig auf Tellern anrichten. Die Rinderfiletscheiben darauf geben und mit der restlichen Vinaigrette beträufeln.

3 Die Tomate überbrühen, häuten, halbieren und entkernen. Die Hälften in Würfel schneiden. Die Basilikumblätter in feine Streifen schneiden. Die Tomatenwürfel und die Basilikumstreifen über das Rinderfilet streuen.

302 kcal/1266 kJ · 24 g E · 20 g F · 6 g KH · 62 mg Cholesterin · 0 BE

Suppen

(VON BOHNENSUPPE BIS ZITRONENGRASESSENZ)

Geflügelbrühe

1 Zwiebel
1 Lorbeerblatt
7 Gewürznelken
500 g Geflügelknochen
1 EL schwarze Pfefferkörner · Salz
1 Selleriestange
½ Lauchstange
100 g Knollensellerie
2–3 Petersilienstiele

1 Die Zwiebel schälen und halbieren. Mit dem Lorbeerblatt und den Gewürznelken spicken.

2 Die Geflügelknochen kalt abspülen. 1 ½ l Wasser in einen Topf geben. Die Knochen in das kalte Wasser geben und langsam zum Kochen bringen. Den aufsteigenden Schaum abschöpfen. Die Pfefferkörner und die gespickte Zwiebel hinzufügen. Die Brühe mit Salz würzen und bei geringer Hitze etwa 1 Stunde köcheln lassen.

3 Die Selleriestange und den Lauch putzen und waschen, den Knollensellerie schälen. Nach etwa 1 Stunde Kochzeit das Gemüse und die Petersilie in den Topf geben und nochmals 1 ½ Stunden köcheln lassen. Anschließend die Brühe durch ein feines Sieb abgießen.

TIPP: *Für eine fettarme Brühe lassen Sie die fertig gegarte Geflügelbrühe vollständig abkühlen und schöpfen dann die Fettschicht ab.*

Pro Portion: 521 kcal/2179 kJ · 54 g E · 33 g F · 2 g KH · 280 mg Cholesterin · 0 BE

Rinderbrühe

500 g Rinderknochen
1 Zwiebel
1 EL schwarze Pfefferkörner
Salz
½ Möhre
100 g Knollensellerie
½ Lauchstange
2–3 Petersilienstiele

1 In einem Topf 1 ½ l Wasser aufkochen. Die Rinderknochen im kochenden Wasser blanchieren, abgießen und abwaschen. Den Topf auf der Kochplatte stark erhitzen. Die Zwiebel halbieren, mit den Schnittflächen nach unten in den Topf geben und rösten. Herausnehmen und beiseite legen. 2 l kaltes Wasser angießen, die Knochen hineingeben und aufkochen. Die Pfefferkörner hinzufügen. Die Brühe mit etwas Salz würzen und etwa 2 Stunden köcheln lassen.

2 Die Möhre und den Knollensellerie schälen. Den Lauch putzen und gründlich waschen. Das Gemüse, die Petersilie und die geröstete Zwiebel in den Topf geben und nochmals 1 Stunde kochen. Die Rinderbrühe durch ein feines Sieb abgießen.

TIPP: *Am besten kochen Sie ein Stück Tafelspitz oder Ochsenbrust mit, dann wird die Brühe kräftiger.*

Pro Portion: 55 kcal/229 kJ · 6 g E · 2 g F · 2 g KH ·17 mg Cholesterin · 0 BE

Fischfond

2 Schalotten
½ Selleriestange
½ Lauchstange
½ Fenchelknolle
½ Zitrone (unbehandelt)
50 g Butter
300 g Fischkarkassen (z. B. von Seezunge, Steinbutt oder Zander)
je 3–4 Petersilien- und Dillstiele
1 Lorbeerblatt
1 Thymianzweig
1 EL schwarze Pfefferkörner · Salz
100 ml Weißwein

1 Die Schalotten schälen und in Würfel schneiden. Die Selleriestange, den Lauch und die Fenchelknolle putzen und in Würfel schneiden. Die Zitrone schälen und das Fruchtfleisch ebenfalls in Würfel schneiden.

2 Die Fischkarkassen kalt abspülen und klein schneiden. Die Butter in einem Topf zerlassen und die Karkassen darin leicht anbraten. Gemüse, Petersilie, Dill, Lorbeerblatt und Thymian hinzufügen. Die Pfefferkörner dazugeben und mit etwas Salz würzen. Mit dem Weißwein ablöschen.

3 So viel Wasser angießen, dass alles gerade bedeckt ist, und langsam aufkochen. Den aufsteigenden Schaum abschöpfen. Den Fond etwa 25 Minuten ziehen lassen. Der Fond darf nicht kochen, da er sonst trüb wird. Den Fischfond vorsichtig durch ein feines Sieb abgießen.

TIPP: *Den Fischfond können Sie auf Vorrat zubereiten und portionsweise, z. B. in Eiswürfelbehältern, einfrieren.*

Pro Portion: 146 kcal/611 kJ · 6 g E · 11 g F · 3 g KH · 30 mg Cholesterin · 0 BE

Zitronengrasessenz

2 Eiweiß · Salz
200 g Rinderwade (vom Metzger wie Hackfleisch durchdrehen lassen)
6 Stangen Zitronengras
½ Bund Koriander
1 l Geflügelbrühe (siehe Rezept S. 42)

1 Die Eiweiße leicht schaumig schlagen. Den Eischnee mit etwas Salz und dem Fleisch gut vermischen. Das Zitronengras vierteln und mit dem Messerrücken leicht zerdrücken. Die Korianderblättchen abzupfen. Das Zitronengras mit den ganzen Korianderstielen unter das Fleisch rühren.

2 Die Fleischmasse in einen Topf geben und die kalte Geflügelbrühe angießen. Alles unter ständigem Rühren aufkochen. Vom Herd nehmen und 2 bis 3 Stunden ziehen lassen, damit das Fleisch sein Aroma in die Essenz abgeben kann.

3 Die Brühe durch ein sauberes Mulltuch abgießen und mit den gehackten Korianderblättchen bestreut servieren.

Pro Portion: 61 kcal/257 kJ · 7 g E · 2 g F · 3 g KH · 19 mg Cholesterin · 0 BE

Klare Tomatenessenz

3 Eiweiß
2–3 Estragonstiele
200 g Rinderwade (vom Metzger wie Hackfleisch durchdrehen lassen)
150 g Gemüsewürfel (Möhre, Lauch, Sellerie)
Salz · 1 EL Tomatenmark
1 Zwiebel
1 l Rinderbrühe (siehe Rezept S. 42)
3 Tomaten
½ Bund Basilikum

1 Die Eiweiße leicht schaumig schlagen. Den Estragon waschen und die Blättchen fein hacken. Das Fleisch mit dem Eischnee, den Gemüsewürfeln, dem gehackten Estragon und etwas Salz gut vermischen. Das Tomatenmark unterrühren.

2 Die Zwiebel schälen und halbieren. Mit den Schnittflächen nach unten in einen Topf geben und rösten. Herausnehmen und beiseite legen.

3 Die Fleischmasse in einen Topf geben und die kalte Rinderbrühe angießen. Die geröstete Zwiebel hinzufügen. Alles unter ständigem Rühren aufkochen. Den Topf vom Herd nehmen und alles 3 bis 4 Stunden ziehen lassen. Die Brühe durch ein Sieb abgießen und kalt stellen. Wenn die Brühe abgekühlt ist, das fest gewordene Fett entfernen.

4 Die Tomaten überbrühen, häuten, halbieren und entkernen. Die Hälften in Würfel schneiden. Das Basilikum waschen, die Blättchen abzupfen und in feine Streifen schneiden. Die Essenz erwärmen und mit Tomatenwürfeln, Basilikumstreifen und nach Belieben mit etwas Selleriegrün servieren.

Pro Portion: 105 kcal/440 kJ · 10 g E · 5 g F · 5 g KH · 26 mg Cholesterin · 0 BE

Curry-Zucchini-Suppe

2 mittelgroße Zucchini
½ Lauchstange
½ Selleriestange
2 Schalotten
¼ Apfel
70 g Butter
¼ Knoblauchzehe
1 TL Currypulver
1 TL Kurkumapulver
600 ml Geflügelbrühe
(siehe Rezept S. 42)
200 ml Milch (1,5 % Fett)
Salz
Pfeffer aus der Mühle
1 TL Zitronensaft

1 Die Zucchini, den Lauch und den Stangensellerie putzen und waschen. Die Zucchini, den Sellerie und das Weiße vom Lauch in feine Scheiben schneiden. Die Schalotten schälen und ebenfalls in dünne Scheiben schneiden. Den Apfel schälen, entkernen und klein schneiden.

2 In einer Pfanne 50 g Butter zerlassen und die Schalotten darin andünsten. Den Sellerie, den Lauch, den Apfel und die Zucchini – bis auf einige Scheiben zum Garnieren – hinzufügen. Den Knoblauch schälen, durch die Presse drücken und dazugeben. Mit Curry und Kurkuma bestäuben. Die Geflügelbrühe angießen und etwa 15 Minuten köcheln lassen.

3 Die Milch angießen und alles einmal aufkochen. Die Zucchinisuppe mit dem Stabmixer pürieren und durch ein Sieb passieren. Mit Salz, Pfeffer und Zitronensaft abschmecken.

4 Die restliche Butter zerlassen und die zur Seite gelegten Zucchinischeiben darin von beiden Seiten goldbraun braten. Die Zucchinischeiben mit Küchenpapier abtupfen und in der Suppe anrichten. Nach Belieben mit Zitronengras garnieren.

Pro Portion: 203 kcal/847 kJ · 7 g E · 16 g F · 8 g KH · 47 mg Cholesterin · 0 BE

Geeiste Gurkensuppe mit Seeteufel

2 Salatgurken
Salz
300 g Joghurt (1,5 % Fett)
1 Zitrone (unbehandelt)
Pfeffer aus der Mühle
1 Bund Dill
160 g geräucherter Seeteufel
1 EL Olivenöl

1 Die Gurken schälen, halbieren, entkernen und klein schneiden. Mit Salz bestreuen und etwa 1 Stunde ziehen lassen. Danach mit dem Stabmixer pürieren. Den Joghurt und den Zitronensaft untermischen. Die Gurkensuppe mit Salz und Pfeffer würzen. Den Dill waschen und trockenschütteln. Die Spitzen abzupfen und klein hacken. Die Suppe mit dem Dill bestreut servieren.

2 Das Olivenöl in einer Pfanne erhitzen und den geräucherten Seeteufel darin von beiden Seiten anbraten. Den Fisch in dünne Streifen schneiden. Die Seeteufelstreifen in die Suppe geben oder dazu servieren.

Pro Portion: 116 kcal/485 kJ · 11 g E · 3 g F · 10 g KH · 15 mg Cholesterin · 1 BE

Kürbiscremesuppe

200 g Kürbisfleisch
Salz · 1 TL Paprikapulver (edelsüß)
½ TL Kümmelsamen
2 Schalotten
1 kleine Möhre
1 mittelgroße Kartoffel
½ Selleriestange
½ Lauchstange
20 g Speck · 5 EL Olivenöl
1 TL Tomatenmark
600 ml Geflügelbrühe (siehe Rezept S. 42)
4 gekochte, ausgelöste Gambas
Pfeffer aus der Mühle

1 Am Vortag das Kürbisfleisch auf einer Gemüsereibe fein raspeln. Mit etwas Salz, dem Paprikapulver und dem gehackten Kümmel vermengen und über Nacht durchziehen lassen.

2 Die Schalotten, die Möhre und die Kartoffel schälen und in Würfel schneiden. Die Selleriestange und den Lauch putzen, waschen und ebenfalls in Würfel schneiden. Den Speck in kleine Würfel schneiden.

3 In einem Topf 2 EL Olivenöl erhitzen und die Schalotten darin glasig andünsten. Den Speck und die Gemüsewürfel dazugeben. Zuletzt den leicht ausgedrückten Kürbis hinzufügen. Das Tomatenmark unterrühren und die Geflügelbrühe angießen. Etwa 30 Minuten köcheln lassen.

4 Die Gambas vierteln. In einer Pfanne das restliche Olivenöl erhitzen und die Gambas darin anbraten. Die Kürbissuppe durch ein feines Sieb streichen und mit Salz und Pfeffer abschmecken. Mit dem Stabmixer kurz aufschäumen und mit den Gambastücken servieren.

TIPP: *Sie können die Suppe mit einem Löffel geschlagener Sahne verfeinern.*

Pro Portion: 521 kcal/2179 kJ · 54 g E · 33 g F · 2 g KH · 280 mg Cholesterin · 0 BE

Topinamburcreme

2 Schalotten
1 Selleriestange
½ Lauchstange
500 g Topinambur
30 g Butter
50 g durchwachsener Speck
Salz · Pfeffer aus der Mühle
600 ml Rinderbrühe (siehe Rezept S. 42)
¼ l Milch (3,5 % Fett)
1 TL Zitronensaft

1 Die Schalotten schälen und in Scheiben schneiden. Die Selleriestange und das Weiße vom Lauch putzen und in Scheiben schneiden. Topinambur schälen und ebenfalls in Scheiben schneiden.

2 Die Butter in einem Topf zerlassen. Speck in Würfel schneiden und darin auslassen. Schalotten, Sellerie- und Lauchscheiben hinzufügen. Topinambur in den Topf geben. Mit Salz und Pfeffer würzen und die Rinderbrühe angießen. Die Brühe bei schwacher Hitze 25 Minuten köcheln lassen.

3 Die Milch angießen und die Suppe nochmals aufkochen. Suppe durch ein feines Sieb streichen. Mit dem Stabmixer kurz aufschäumen und nochmals mit Salz und Pfeffer abschmecken. Mit Zitronensaft verfeinern.

TIPP: *Topinambur sollte häufiger auf Ihrem Speiseplan stehen, da die Knolle viel Inulin enthält – ein Kohlenhydrat, das den Blutzucker nicht beeinflusst.*

Pro Portion: 225 kcal/941 kJ · 10 g E · 15 g F · 11 g KH · 42 mg Cholesterin · 0 BE

Kokosmilchsuppe mit Gambas

30 g frischer Ingwer
2 Chilischoten
1 Bund Koriander
2 Limetten
300 ml Geflügelbrühe (siehe Rezept S. 42)
300 ml ungesüßte Kokosmilch · Salz
8 gekochte, ausgelöste Gambas
40 g Butter
60 g Kokosnussfleisch

1 Den Ingwer schälen und fein reiben. Die Chilischoten entkernen und in feine Streifen schneiden. Den Koriander waschen und trockenschütteln. Die Korianderblättchen abzupfen und fein hacken. Die Limetten auspressen.

2 Die Geflügelbrühe und die Kokosmilch in einem Topf aufkochen. Ingwer, Chili, Koriander und Limettensaft dazugeben. Mit Salz abschmecken.

3 Die Gambas in kleine Stücke schneiden. In einer Pfanne die Butter zerlassen und die Gambas darin von allen Seiten anbraten. Herausnehmen, etwas abkühlen lassen und trockentupfen.

4 Das Kokosnussfleisch auf dem Gemüsehobel in feine Scheiben schneiden und in die Suppe geben. Die Gambas auf Teller verteilen und die Suppe darüber gießen.

TIPP: *Diese Suppe können Sie statt mit Gambas auch mit knusprig gebratenen Hähnchenstreifen zubereiten.*

Pro Portion: 239 kcal/1001 kJ · 12 g E · 18 g F · 7 g KH · 90 mg Cholesterin · 0 BE

Rote-Bete-Suppe mit Croûtons

300 g Kartoffeln (mehlig kochend)
1 kg Rote Beten
2 Schalotten
30 g Butter
800 ml Geflügelbrühe (siehe Rezept S. 42)
Salz · Pfeffer aus der Mühle
3 Salbeiblätter
1 Lorbeerblatt
3 EL Sahne
½ Zitrone (unbehandelt)
8 kleine Scheiben Vollkornbrot
1 Stück Meerrettich

1 Die Kartoffeln und die Roten Beten schälen und in Würfel schneiden. Die Schalotten schälen und in feine Würfel schneiden. In einem Topf 20 g Butter zerlassen und das Gemüse darin andünsten. Die Geflügelbrühe angießen und mit Salz und Pfeffer würzen. Die Salbeiblätter und das Lorbeerblatt hinzufügen.

2 Die Brühe bei schwacher Hitze etwa 20 Minuten köcheln lassen. Die Salbeiblätter und das Lorbeerblatt wieder herausnehmen. Die Suppe mit dem Stabmixer pürieren und anschließend durch ein Sieb passieren. Die Sahne steif schlagen und vor dem Servieren unter die Suppe ziehen.

3 Für die Croûtons die Zitrone waschen und die Schale abreiben. In einer Pfanne die restliche Butter zerlassen. Die Brotscheiben und die Zitronenschale darin etwa 2 bis 3 Minuten anrösten. Den Meerrettich schälen und fein reiben. Die gerösteten Brote mit dem geriebenen Meerrettich bestreuen und die Brote in Würfel schneiden. Die Suppe nochmals kurz erhitzen und mit den Croûtons servieren.

TIPP: *Haben Sie schon einmal eine kalte Rote-Bete-Suppe gegessen? Im Sommer eine herrliche Erfrischung! Die kalte Variante sollten Sie dann aber ohne Croûtons servieren.*

Pro Portion: 270 kcal/1132 kJ · 7 g E · 10 g F · 36 g KH · 30 mg Cholesterin · 3 BE

Fenchelcremesuppe

300 g Kartoffeln (mehlig kochend)
2 Fenchelknollen
30 g Butter · 2 Schalotten
Salz · Pfeffer aus der Mühle
1 EL Currypulver (Madras mild)
800 ml Geflügelbrühe (siehe Rezept S. 42)
½ TL Fenchelsamen
4 EL Sahne
40 g eingelegte, getrocknete Tomaten

1 Die Kartoffeln schälen und in Würfel schneiden. Den Fenchel putzen, das Grün hacken und beiseite legen. Die Fenchelknollen halbieren, vom Strunk befreien und in feine Streifen schneiden.

2 Die Butter in einem Topf zerlassen und die Kartoffeln, die Schalotten und den Fenchel darin andünsten. Mit Salz, Pfeffer und Curry würzen. Die Geflügelbrühe angießen, die Fenchelsamen dazugeben und alles bei schwacher Hitze 20 Minuten köcheln lassen.

3 Die Suppe durch ein Sieb passieren. Die Sahne steif schlagen und unter die passierte Suppe heben. Auf Teller verteilen und mit Fenchelgrün bestreuen. Die Tomaten in feine Streifen schneiden und in die Suppe geben. Nach Belieben zuletzt 1 Spritzer Zitronensaft unterrühren.

Pro Portion: 176 kcal/734 kJ · 6 g E · 10 g F · 16 g KH · 28 mg Cholesterin · 1 BE

Polentacremesuppe mit Steinpilzen

800 ml Geflügelbrühe
(siehe Rezept S. 42)
Salz
2–3 Thymianzweige
1 Knoblauchzehe
1 EL schwarze Pfefferkörner
1 Lorbeerblatt
1 Zwiebel
2 EL Olivenöl
100 g Maisgrieß
100 g Sahne
6 frische Steinpilze
Pfeffer aus der Mühle

1 Die Geflügelbrühe aufkochen und mit etwas Salz würzen. Den Thymian, den geschälten Knoblauch, die Pfefferkörner und das Lorbeerblatt hinzufügen.

2 Die Zwiebel schälen und in feine Scheiben schneiden. 1 EL Olivenöl in einer Pfanne erhitzen, die Zwiebelscheiben darin goldgelb anbraten und in den Fond geben. Bei schwacher Hitze etwa 30 Minuten ziehen lassen.

3 Fond durch ein feines Sieb abgießen und aufkochen. Den Grieß unter ständigem Rühren dazugeben und 10 Minuten quellen lassen. Die Sahne dazugießen, die Suppe aufkochen und durch ein Sieb passieren. Mit dem Stabmixer kurz aufschäumen.

4 Die Steinpilze putzen und in Scheiben schneiden. In der Pfanne das restliche Olivenöl erhitzen und die Pilze darin bei starker Hitze kurz anbraten. Mit Salz und Pfeffer würzen und in der Suppe anrichten.

TIPP: *Falls Sie keine frischen Steinpilze bekommen, können Sie die Suppe auch mit Austernpilzen zubereiten. In große Stücke geschnitten und in etwas Butter angebraten schmecken sie fast wie eine zarte Fleischeinlage.*

Pro Portion: 275 kcal/1150 kJ · 8 g E · 17 g F · 21 g KH · 38 mg Cholesterin · 2 BE

Bohnensuppe mit Pesto

Für die Suppe:

150 g getrocknete weiße Bohnen
1 Schalotte
1 Thymianzweig
1 Lorbeerblatt
Salz · 1 Lauchstange
200 g grüne Bohnen
4 Tomaten
1 Zucchino

Für das Pesto:

1 Knoblauchzehe
25 g Parmesan
1 Bund Basilikum
3 EL Olivenöl
1 EL Pinienkerne
Salz
Pfeffer aus der Mühle

1 Am Vortag die Bohnen in eine Schüssel geben, mit reichlich kaltem Wasser bedecken und über Nacht einweichen.

2 Am nächsten Tag 1 ½ l Wasser in einem Topf aufkochen. Die Schalotte schälen. Die Bohnen abgießen und mit dem Thymian, der Schalotte und dem Lorbeerblatt in das kochende Wasser geben. Etwa 30 Minuten köcheln lassen, bis die Bohnen weich sind. Mit etwas Salz würzen. Die Schalotte, den Thymianzweig und das Lorbeerblatt entfernen.

3 Den Lauch putzen, waschen und in Rauten schneiden. Die grünen Bohnen putzen, waschen und in Stücke schneiden. In den Topf geben und alles etwa 10 Minuten köcheln lassen.

4 Die Tomaten überbrühen, häuten, entkernen und in kleine Würfel schneiden. Den Zucchino putzen, waschen und ebenfalls in Würfel schneiden. Beides in die Suppe geben und so lange köcheln lassen, bis das Gemüse weich ist.

5 Für das Pesto den Knoblauch schälen und fein hacken. Den Parmesan fein reiben. Das Basilikum waschen, trockenschütteln und die Blätter klein schneiden. Das Basilikum mit dem Olivenöl, den Pinienkernen, dem Knoblauch und dem Parmesan im Blitzhacker zu einer glatten Creme verarbeiten. Mit Salz und Pfeffer würzig abschmecken. Die Suppe anrichten und mit dem Pesto beträufeln.

TIPP: *Sie können die Zutaten für das Pesto auch variieren: Verwenden Sie z. B. Rucola anstelle von Basilikum oder ersetzen Sie die Pinienkerne durch Walnüsse.*

Pro Portion: 245 kcal/1026 kJ · 13 g E · 12 g F · 21 g KH · 5 mg Cholesterin · 1 BE

Kleine Gerichte

(VON ARTISCHOCKEN BIS ZIEGENKÄSE IM ZUCCHINIMANTEL)

Gebackenes Pilz-Gemüse-Säckchen mit Safranvinaigrette

10 Champignons
je 100 g Steinpilze und Pfifferlinge
½ Lauchstange
2 Schalotten
15 g Butter
Salz
Pfeffer aus der Mühle
4 Blätter Filo-Teig
8 Schnittlauchhalme

Für die Vinaigrette:
2 TL Estragonessig
2 EL Geflügelbrühe (siehe Rezept S. 42)
4 EL Olivenöl
Salz · Pfeffer
8 Safranfäden

1 Die Pilze putzen, die Hälfte der Champignons beiseite legen und die restlichen Pilze fein hacken. Den Lauch putzen, waschen und in kleine Würfel schneiden. Die Schalotten schälen und in kleine Würfel schneiden. Die Butter in einer Pfanne zerlassen. Die Schalotten, den Lauch und die Pilze darin unter gelegentlichem Wenden dünsten, bis die gesamte Flüssigkeit verdampft ist. Mit Salz und Pfeffer abschmecken und abkühlen lassen.

2 Den Backofen auf 180 °C vorheizen. Den Filo-Teig auslegen und mit einem runden Ausstecher oder einem Glas acht kreisförmige Teigplatten (à 10 cm Durchmesser) ausstechen und auf ein mit Backpapier ausgelegtes Backblech setzen.

3 Die abgekühlte Pilzmasse auf den Teigplatten verteilen. Den Teig nach oben schlagen und die Säckchen mit Küchengarn zusammenbinden. Im Ofen etwa 5 Minuten backen.

4 Essig, Geflügelbrühe, Olivenöl, Salz und Pfeffer zu einer Vinaigrette verrühren. Die Safranfäden unterrühren.

5 Die Säckchen aus dem Ofen nehmen und das Küchengarn entfernen. Die Pilz-Gemüse-Säckchen stattdessen mit Schnittlauchhalmen zubinden. Die beiseite gelegten Champignons in dünne Scheiben schneiden, kreisförmig auf Tellern auslegen und mit der Vinaigrette beträufeln. Die Pilz-Gemüse-Säckchen in die Mitte setzen.

TIPP: *Die Safranfäden lösen sich besser in der Vinaigrette auf, wenn man sie zuvor kurz in der Geflügelbrühe aufkocht und diese dann abkühlen lässt.*

Pro Portion: 208 kcal/872 kJ · 4 g E · 18 g F · 7 g KH · 32 mg Cholesterin · 0 BE

Pasticcio mit Spinat

Für den Nudelteig:
115 g Mehl · Salz
60 g Hartweizengrieß
1 EL Olivenöl
5 Eigelb · 1 Ei
20 g zerlassene Butter

Außerdem:
15 g Butter · 20 g Mehl
¼ l Milch (1,5 % Fett)
Salz · Pfeffer aus der Mühle
Muskatnuss
1 Schalotte
2 Knoblauchzehen
1 kg reife Tomaten
2 EL Olivenöl
5 EL Gemüsebrühe
200 g junger Spinat
150 g Mozzarella
50 g Parmesan

1 Für den Nudelteig das Mehl, etwas Salz und den Grieß auf ein Brett häufen. In die Mitte eine Mulde drücken, das Olivenöl, die Eigelbe und das Ei hineingeben. Eier mit etwas Mehl verquirlen und etwa 50 ml Wasser hinzufügen. Mit den Händen so lange durchkneten, bis ein glatter Teig entsteht. Den Teig 30 Minuten ruhen lassen.

2 Eine rechteckige Auflaufform mit der Butter ausstreichen. Den Nudelteig ausrollen und in vier Stücke in der Größe der Form schneiden. Die Teigplatten kurz in Salzwasser vorkochen. Herausnehmen, kalt abschrecken und auf ein geöltes Backblech legen.

3 Für die Béchamelsauce die Butter zerlassen und das Mehl einrühren. Die Milch angießen und unter Rühren etwa 10 Minuten köcheln lassen. Mit Salz, Pfeffer und frisch geriebener Muskatnuss würzen.

4 Für die Tomatensauce die Schalotte und eine Knoblauchzehe schälen und fein hacken. Die Tomaten überbrühen, häuten und entkernen. Vier Tomaten vierteln und beiseite legen, die restlichen in kleine Würfel schneiden. 1 EL Olivenöl in einem Topf erhitzen, die Schalotten und den Knoblauch darin andünsten. Die Tomatenwürfel hinzufügen, die Brühe angießen und einkochen lassen. Mit Salz und Pfeffer würzen.

5 Den Spinat sorgfältig verlesen, waschen und gut abtropfen lassen. Das restliche Olivenöl in einer Pfanne erhitzen, die zweite Knoblauchzehe durch die Presse dazudrücken. Den Spinat dazugeben und zusammenfallen lassen. Mit Salz und Pfeffer würzen.

6 Den Backofen auf 180 °C vorheizen. Als unterste Schicht das erste Nudelblatt in die Auflaufform geben. Jeweils Tomaten- und Béchamelsauce, Spinat, Tomatenstücke und den in kleine Würfel geschnittenen Mozzarella hineinschichten. Das letzte Nudelblatt mit Béchamelsauce bestreichen. Den Parmesan fein reiben und darüber streuen. Im Ofen in etwa 25 Minuten goldbraun backen.

TIPP: *Diesen Auflauf können Sie auch mit anderen Gemüsesorten füllen, z. B. mit Zucchini oder Auberginen.*

Pro Portion: 639 kcal/2677 kJ · 28 g E · 38 g F · 45 g KH · 412 mg Cholesterin · 4 BE

Cannelloni mit Topinambur

Für den Nudelteig:

115 g Mehl · Salz

60 g Hartweizengrieß

1 EL Olivenöl

5 Eigelb · 1 Ei

Für die Füllung:

300 g Topinambur

Salz · 15 g Butter

1 EL warme Milch

Pfeffer aus der Mühle

Muskatnuss

Butter für die Form

5 EL Rinderbrühe

(siehe Rezept S. 42)

1 EL geriebener

Parmesan

Für das Pesto:

1 Bund Basilikum

30 g Parmesan

1 Knoblauchzehe

5 EL Olivenöl · Salz

1 TL Pinienkerne

1 Für den Nudelteig das Mehl, etwas Salz und den Grieß auf ein Brett häufen. In die Mitte eine Mulde drücken, das Olivenöl, die Eigelbe und das Ei hineingeben. Die Eigelbe und das Ei mit etwas Mehl verquirlen und etwa 50 ml Wasser hinzufügen. Mit den Händen so lange durchkneten, bis ein glatter Teig entsteht. Den Teig etwa 30 Minuten ruhen lassen.

2 Für die Füllung die Topinambur schälen und in Salzwasser weich kochen.Durch die Kartoffelpresse drücken und mit der Butter und der warmen Milch zu einer festen Masse verarbeiten. Mit Salz, Pfeffer und frisch geriebener Muskatnuss abschmecken.

3 Den Nudelteig auf einer bemehlten Arbeitsfläche ausrollen und in etwa 5 cm breite Streifen schneiden. Die Nudelstreifen in Salzwasser kurz blanchieren und kalt abschrecken. Auf einem Küchentuch auslegen und trockentupfen.

4 Das Topinamburpüree mit einem Spritzbeutel oder einem Löffel auf die Nudelstreifen geben und die Nudeln aufrollen. Die Rolle in 6 bis 8 cm lange Stücke schneiden.

5 Den Backofen auf 180 °C vorheizen. Eine ofenfeste Form mit Butter einfetten und mit der Brühe ausgießen. Die Cannelloni hineinsetzen und mit Parmesan bestreuen. Im Ofen in etwa 10 Minuten goldgelb backen.

6 Für das Pesto das Basilikum waschen und trockenschütteln. Die Blätter abzupfen und klein schneiden. Den Parmesan in kleine Stücke schneiden, den Knoblauch schälen und fein hacken. Die Basilikumblätter, den Parmesan und den Knoblauch mit dem Olivenöl, etwas Salz und den Pinienkernen im Blitzhacker zu einer glatten Creme verarbeiten. Über die fertig gebackenen Cannelloni geben.

TIPP: *Das Pesto eignet sich auch sehr gut als Sauce zu diversen Fisch- und Fleischgerichten. Geben Sie beim Zubereiten etwas crushed ice zu – so bleibt die frische grüne Farbe des Basilikums erhalten.*

Pro Portion: 530 kcal/2218 kJ · 17 g E · 36 g F · 35 g KH · 396 mg Cholesterin · 3 BE

Ravioli mit Kabeljau

Für den Nudelteig:

115 g Mehl · Salz

60 g Hartweizengrieß

1 EL Olivenöl

6 Eigelb · 1 Ei

Für die Füllung:

1 Tomate · 1 Schalotte

½ Lauchstange

200 g Kabeljaufilet

2 TL Olivenöl · Salz

Pfeffer aus der Mühle

100 g Sahne

2 EL Zitronensaft

1 Bund Petersilie

1 Für den Nudelteig das Mehl, etwas Salz und den Grieß auf ein Brett häufen. In die Mitte eine Mulde drücken, das Olivenöl, 5 Eigelbe und das Ei hineingeben. Die Eigelbe und das Ei mit etwas Mehl verquirlen und etwa 50 ml Wasser hinzufügen. Mit den Händen so lange durchkneten, bis ein glatter Teig entsteht. Den Teig etwa 30 Minuten ruhen lassen.

2 Tomate überbrühen, häuten, halbieren, entkernen und in kleine Würfel schneiden. Schalotte schälen und in kleine Würfel schneiden. Lauch putzen, waschen und ebenso wie das Kabeljaufilet in kleine Würfel schneiden. Olivenöl erhitzen, die Schalotte und den Lauch darin bei schwacher Hitze andünsten. Kabeljau dazugeben, mit Salz und Pfeffer würzen. Sahne angießen und unter ständigem Rühren langsam garen, bis die Flüssigkeit eingekocht ist. Tomatenwürfel unterheben. Die Füllung mit Zitronensaft und gehackter Petersilie abschmecken und kalt stellen.

3 Den Nudelteig auf einer bemehlten Arbeitsfläche dünn ausrollen. Auf die Hälfte der Teigplatte im Abstand von 4 cm je 1 TL Füllung setzen. Etwas Wasser und 1 Eigelb verquirlen, den Teig rund um die Füllung damit bestreichen. Die zweite Teighälfte darüber schlagen und andrücken. Mit einem Glas Ravioli ausstechen, in kochendem Salzwasser in 5 Minuten garen. Mit einer Tomatensauce servieren.

Pro Portion: 445 kcal/1863 kJ · 21 g E · 25 g F · 34 g KH · 483 mg Cholesterin · 3 BE

Ziegenkäse im Zucchinimantel

240 g Ziegenfrischkäse
1 Zucchino
6 EL Olivenöl
Salz · Pfeffer
1 Kopf Radicchio
2 TL Aceto balsamico
Salz
Pfeffer aus der Mühle
1 Thymianzweig

1 Den Ziegenkäse in vier Scheiben schneiden und – falls vorhanden – von dem in der Mitte befindlichen Strohhalm befreien. Den Zucchino putzen, waschen und der Länge nach in acht dünne Scheiben schneiden.

2 In einer Pfanne 2 EL Olivenöl erhitzen und die Zucchinistreifen darin kurz anbraten, dabei dürfen sie nicht braun werden. Mit Salz und Pfeffer würzen. Aus der Pfanne nehmen und mit Küchenpapier trockentupfen.

3 Jeweils zwei Zucchinischeiben kreuzweise aufeinander legen. Je eine Ziegenkäsescheibe in die Mitte legen und die Zucchinischeiben darüber schlagen.

4 Den Radicchio putzen, waschen und in breite Streifen schneiden. 2 EL Olivenöl, den Essig, etwas Salz und Pfeffer und die abgezupften Thymianblättchen zu einer Vinaigrette verrühren. Ein Viertel davon beiseite stellen, mit der restlichen Vinaigrette den Salat marinieren.

5 Das restliche Olivenöl erhitzen und die Ziegenkäsepäckchen darin auf beiden Seiten kurz anbraten. Die zurückbehaltene Vinaigrette darüber träufeln. Die Ziegenkäsepäckchen sofort mit dem Salat servieren.

Pro Portion: 358 kcal/1499 kJ · 15 g E · 33 g F · 1 g KH · 21 mg Cholesterin · 0 BE

Crêpes mit Kräuterquark

Für den Crêpeteig:

¼ l Milch (1,5 % Fett)
4 Eier
100 g Mehl
Salz
40–50 g Butter

Für die Füllung:

1 Thymianzweig
400 g Quark (20 % Fett)
Salz · Pfeffer aus der Mühle
2 Eiweiß
130 ml Olivenöl
80 g Semmelbrösel
2 Tomaten
8 Basilikumblätter
2 TL Aceto balsamico
Frittierfett

1 Für die Crêpes die Milch, ⅛ l Wasser, die Eier, das Mehl und Salz mit dem Stabmixer zu einem glatten Teig verrühren. Durch ein Sieb passieren und 1 Stunde im Kühlschrank ruhen lassen.

2 Zum Ausbacken der acht Crêpes jeweils ein kleines Stück Butter in einer Pfanne zerlassen. Eine kleine Kelle Teig in die Pfanne geben und den Teig durch Schwenken der Pfanne zu einer dünnen Schicht verlaufen lassen. Vorsichtig wenden und auch auf der anderen Seite goldbraun backen. Die Crêpes auf ein Backblech legen und mit Klarsichtfolie abdecken, sodass sie nicht austrocknen.

3 Für die Füllung die Thymianblättchen fein hacken. Den Quark mit Salz, Pfeffer, Thymian und etwas Olivenöl abschmecken. Die Masse dünn auf die Crêpes streichen und aufrollen. Die Eiweiße schaumig schlagen. Die Crêpes durch das Eiweiß ziehen und in Semmelbröseln wälzen.

4 Die Tomaten überbrühen, häuten, entkernen und in kleine Würfel schneiden. Die Basilikumblätter fein hacken. Das restliche Olivenöl mit dem Essig, Salz, Pfeffer und dem Basilikum zu einer Vinaigrette verrühren.

5 Das Frittierfett erhitzen und die Crêpes darin nochmals goldgelb ausbacken. Jeweils zwei Crêpes mit den Tomaten und der Vinaigrette anrichten.

Pro Portion: 848 kcal/3551 kJ · 27 g E · 67 g F · 35 g KH · 288 mg Cholesterin · 3 BE

Tortillas mit gebackenem Mozzarella

1 Zucchino · 1 Tomate
1 gekochte Kartoffel
2 EL Olivenöl
150 g Sahne
4 Eier · Salz
Pfeffer aus der Mühle
Muskatnuss
125 g Mozzarella
etwas Mehl
40 g Semmelbrösel

1 Den Backofen auf 180 °C vorheizen. Zucchino und Tomate putzen, waschen und in Würfel scheiden. Die Kartoffel ebenfalls in Würfel schneiden. 1 EL Olivenöl in einer ofenfesten Pfanne erhitzen und die Gemüsewürfel darin kurz andünsten.

2 Die Sahne, drei Eier und etwas Salz, Pfeffer und frisch geriebene Muskatnuss verquirlen und über das Gemüse gießen. Im Ofen wenige Minuten backen, bis die Masse gestockt ist. Aus der Pfanne heben und in vier Portionen teilen.

3 Die Mozzarellascheiben mit Mehl bestäuben, durch ein verquirltes Ei ziehen und mit den Semmelbröseln panieren. In 1 EL heißem Olivenöl ausbacken und mit den Tortillastücken anrichten. Eventuell mit Basilikumvinaigrette (siehe oben) servieren.

Pro Portion: 369 kcal/1544 kJ · 17 g E · 28 g F · 12 g KH · 271 mg Cholesterin · 1 BE

Jakobsmuscheln auf Fenchel

3 kleine Fenchelknollen
1 Schalotte
4 EL Olivenöl
50 g Sahne
Saft von ½ Zitrone
4 schwarze Oliven (ohne Stein)
12 ausgelöste Jakobsmuscheln
Salz
Pfeffer aus der Mühle

1 Den Fenchel putzen, das Grün hacken und beiseite legen. Zwei Fenchelknollen halbieren, vom Strunk befreien und in kleine Würfel schneiden. Die Schalotte schälen und ebenfalls in kleine Würfel schneiden. Die Gemüsewürfel in 1 EL Olivenöl andünsten. Die Sahne und den Zitronensaft angießen und einkochen. Das Gemüse mit dem Stabmixer pürieren, durch ein Sieb streichen und warm stellen.

2 Die dritte Fenchelknolle halbieren, vom Strunk befreien und in sehr feine Scheiben schneiden und in 1 EL Olivenöl auf beiden Seiten goldgelb braten. Kreisförmig auf Tellern anrichten, in die Mitte etwas Fenchelpüree geben. Die Oliven in dünne Streifen schneiden. Fenchelscheiben mit den Oliven und dem Fenchelgrün bestreuen. Die Jakobsmuscheln je nach Größe halbieren, mit Salz und Pfeffer würzen. Restliches Olivenöl erhitzen und die Muscheln darin auf beiden Seiten anbraten. Auf dem Fenchelpüree anrichten.

Pro Portion: 247 kcal/1032 kJ · 19 g E · 13 g F · 13 g KH · 225 mg Cholesterin · 1 BE

Chicorée mit Mandelsahne

4 Chicorée
½ Zitrone
2 EL Pflanzenöl
1 TL Zucker
Salz
50 g süße Mandeln
300 g Sahne
20 g Butter

1 Den Backofen auf 200 °C vorheizen. Den Chicorée waschen und den bitteren Strunk herausschneiden. Den Chicorée in einen Topf geben. Die Zitrone auspressen und den Saft mit dem Öl, dem Zucker und etwas Salz zum Chicorée hinzugeben. Alles mit kaltem Wasser bedecken und zugedeckt bei mittlerer Hitze etwa 30 Minuten köcheln lassen.

2 In der Zwischenzeit die süßen Mandeln blanchieren, schälen und grob hacken. Die Sahne mit den gehackten Mandeln in einen Topf geben. Die Sahne bei schwacher Hitze 5 bis 10 Minuten einkochen lassen. Die Mandelsahne anschließend pürieren, durch ein Sieb streichen und mit etwas Salz abschmecken.

3 Den Chicorée aus dem Kochfond nehmen und gut abtropfen lassen. In einer Pfanne die Butter zerlassen und den Chicorée darin von allen Seiten goldgelb anbraten. Den angebratenen Chicorèe in eine ofenfeste Form geben, mit der Mandelsahne übergießen und im Ofen etwa 15 Minuten überbacken.

Pro Portion: 413 kcal/1731 kJ · 6 g E · 40 g F · 8 g KH · 94 mg Cholesterin · ½ BE

Schmorfond für gefüllte Gemüse

2 Schalotten
1 Möhre
100 g Knollensellerie
1 Selleriestange
1 EL Olivenöl
200 ml Rinderbrühe (siehe Rezept S. 42)

1 Den Backofen auf 160 °C vorheizen. Die Schalotten, die Möhre und den Knollensellerie schälen und in kleine Würfel schneiden. Den Stangensellerie putzen, waschen und ebenfalls in kleine Würfel schneiden.

2 Das Olivenöl in einer ofenfesten Pfanne erhitzen und die Gemüsewürfel darin andünsten. Die Rinderbrühe angießen.

3 Das gefüllte Gemüse (Rezepte siehe Seite 62 bis 65) auf das Gemüsebett setzen und 20 bis 30 Minuten schmoren lassen, dabei mehrmals mit dem Schmorfond begießen. Das Gemüse ist fertig gegart, wenn es leicht gebräunt ist. Aus dem Ofen nehmen und mit dem leicht eingedickten Schmorfond servieren.

TIPP: *Gefülltes Gemüse können Sie als eigenständiges Gericht oder auch als Beilage zu diversen Fisch- und Fleischgerichten servieren.*

Pro Portion: 51 kcal/212 kJ · 2 g E · 3 g F · 3 g KH · 3 mg Cholesterin · 0 BE

Gefüllte Zucchini mit Tomaten

3 mittelgroße Zucchini
Salz · 4 Tomaten
1 Schalotte
1 Knoblauchzehe
1 EL Olivenöl
Pfeffer aus der Mühle
3 Basilikumblätter
Schmorfond (Rezept siehe oben)

1 Den Backofen auf 160 °C vorheizen. Die Zucchini putzen, waschen und in 5 cm lange Stücke schneiden. Mit einem Kugelausstecher oder einem Löffel das Zucchinifleisch auskratzen. Die Zucchinistücke in kochendem Salzwasser 5 bis 7 Minuten blanchieren und trockentupfen.

2 Die Tomaten überbrühen, häuten, entkernen und in Würfel schneiden. Die Schalotte schälen und fein würfeln, den Knoblauch schälen und fein hacken. Das Olivenöl erhitzen, die Schalotten und den Knoblauch darin andünsten. Die Tomatenwürfel dazugeben, mit Salz und Pfeffer würzen. Das Basilikum in feine Streifen schneiden und unter die Tomatenfüllung rühren. Die Zucchinistücke mit den Tomaten füllen und in eine ofenfeste Form geben. Im Ofen mit dem Schmorfond 20 bis 30 Minuten schmoren lassen. Das ausgelöste Zucchinifleisch kann man nach Belieben klein gewürfelt in den Schmorfond geben.

Pro Portion: 105 kcal/440 kJ · 4 g E · 6 g F · 7 g KH · 3 mg Cholesterin · 0 BE

Gefüllte Zwiebeln

2 rote Zwiebeln
1 EL Olivenöl
Salz
Pfeffer aus der Mühle
1 TL Tomatenmark
5 EL Rinderbrühe
(siehe Rezept S. 42)
12 mittelgroße
Schaschlikzwiebeln
Schmorfond
(siehe Rezept S. 62)

1 Den Backofen auf 160 °C vorheizen. Die Zwiebeln schälen und in kleine Würfel schneiden. Das Olivenöl in einer Pfanne erhitzen und die Zwiebeln darin andünsten. Mit Salz und Pfeffer würzen und das Tomatenmark unterrühren. Die Rinderbrühe angießen und die Zwiebelfüllung sirupartig einkochen lassen.

2 Die Schaschlikzwiebeln schälen und in kochendem Salzwasser 15 Minuten blanchieren. Auf einem Sieb gut abtropfen lassen. Von den Schaschlikzwiebeln jeweils einen Deckel abschneiden und die Zwiebeln aushöhlen. Mit dem roten Zwiebelgemüse füllen und in eine ofenfeste Form geben. Im Ofen mit dem Schmorfond 20 bis 30 Minuten schmoren lassen.

TIPP: *Um dem Gericht mehr Würze zu verleihen, können Sie noch angebratene Speckwürfel in die Füllung geben.*

Pro Portion: 135 kcal/563 kJ · 4 g E · 6 g F · 15 g KH · 4 mg Cholesterin · 1 BE

Gefüllte Shiitake-Pilze

16 Shiitake-Pilze
200 g Champignons
2 Schalotten
15 g Butter
Salz
Pfeffer aus der Mühle
½ Bund Petersilie
½ TL Senf
Schmorfond
(siehe Rezept S. 62)

1 Den Backofen auf 160 °C vorheizen. Die Shiitake-Pilze und die Champignons putzen. Die Shiitake-Pilze vorsichtig aushöhlen. Die Stiele und die Champignons fein hacken. Die Schalotten schälen und in kleine Würfel schneiden.

2 Die Butter in einer Pfanne zerlassen und die Schalotten darin glasig dünsten. Die gehackten Pilze hinzufügen, mit Salz und Pfeffer würzen und so lange köcheln lassen, bis die Flüssigkeit eingekocht ist. Die Petersilie waschen, die Blättchen abzupfen und hacken. Mit dem Senf unter die Pilzmasse rühren. Die Shiitake-Pilze füllen und in eine ofenfeste Form geben. Im Ofen mit dem Schmorfond 20 bis 30 Minuten schmoren lassen.

TIPP: *Wer es pikant mag, kann die Pilze, kurz bevor sie fertig geschmort sind, mit frisch geriebenem Parmesan bestreuen und kurz überbacken.*

Pro Portion: 109 kcal/456 kJ · 5 g E · 5 g F · 12 g KH · 9 mg Cholesterin · 1 BE

Artischocken mit Spinat

250 g junger Spinat
2 Schalotten
2 EL Olivenöl
1 Knoblauchzehe
Salz
Pfeffer aus der Mühle
12 Baby-Artischocken
Saft von ½ Zitrone
Schmorfond
(siehe Rezept S. 62)

1 Den Backofen auf 160 °C vorheizen. Den Spinat gründlich verlesen, waschen und abtropfen lassen. Die Schalotten schälen und in kleine Würfel schneiden. Das Olivenöl in einem Topf erhitzen, die Schalottenwürfel und die durchgepresste Knoblauchzehe dazugeben. Den Spinat in den Topf geben, mit Salz und Pfeffer würzen und zugedeckt zusammenfallen lassen.

2 Artischocken gründlich unter fließendem Wasser waschen. Die Artischockenköpfe von den Stielen brechen und die äußeren harten Blätter entfernen. Das obere Drittel der Blüten abschneiden und das Heu entfernen. Die Artischocken in Wasser mit Zitronensaft legen, damit sie sich nicht verfärben.

3 Die Artischocken kurz in Salzwasser blanchieren und abtropfen lassen. Den Spinat in die Artischocken füllen und in eine ofenfeste Form geben. Im Ofen mit dem Schmorfond 20 bis 30 Minuten schmoren lassen.

Pro Portion: 117 kcal/492 kJ · 5 g E · 8 g F · 6 g KH · 0 mg Cholesterin · ½ BE

Gefüllte Paprikaschoten

60 g Langkornreis
2 Schalotten
5 g Butter
½ Bund Petersilie
je 75 g mageres Rind- und Schweinefleisch (fein durchgedreht)
Salz
Pfeffer aus der Mühle
2 Eier · 1 TL Senf
12 Baby-Paprika
Schmorfond
(siehe Rezept S. 62)

1 Den Backofen auf 160 °C vorheizen. Den Reis nach Packungsanweisung garen. Die Schalotten schälen und in kleine Würfel schneiden. Die Butter in einer Pfanne zerlassen und die Schalotten darin andünsten. Die Petersilie waschen, die Blättchen abzupfen und fein hacken. Das Hackfleisch mit Salz und Pfeffer würzen. Mit den Schalotten, der Petersilie, dem Reis, den Eiern und dem Senf vermischen.

2 Von den Paprikaschoten jeweils einen Deckel abschneiden. Kerngehäuse entfernen, die Schoten waschen und trockentupfen. Die Hackfleischmasse in die Paprikaschoten füllen. Jeweils mit den Deckeln verschließen und in eine ofenfeste Form geben. Im Ofen mit dem Schmorfond 20 bis 30 Minuten schmoren lassen.

TIPP: *Anstelle von Langkornreis können Sie auch ein in Milch eingelegtes und ausgedrücktes Brötchen vom Vortag verwenden.*

Pro Portion: 245 kcal/1031 kJ · 17 g E · 10 g F · 21 g KH · 148 mg Cholesterin · 1 BE

Fisch

(VON DORADE BIS ZANDER)

Dorade mit Fenchelpüree

1 Schalotte
2 Fenchelknollen
2 EL Olivenöl
Salz
Pfeffer aus der Mühle
Anispulver
2 EL Geflügelbrühe
(siehe Rezept S. 42)
2 TL Sahne
2 vollreife Feigen
4 Doradenfilets
(mit Haut; à 125 g)

1 Die Schalotte schälen und in feine Scheiben schneiden. Den Fenchel putzen und waschen, das Fenchelgrün fein hacken und beiseite legen. Die Fenchelknollen in feine Scheiben schneiden. 1 EL Olivenöl in einer Pfanne erhitzen. Das Gemüse darin andünsten und mit Salz, Pfeffer und etwas Anis würzen. Die Geflügelbrühe angießen und das Gemüse zugedeckt weich dünsten. Anschließend ohne Deckel einkochen lassen, bis die gesamte Flüssigkeit verdampft ist.

2 Die Sahne zum Gemüse geben und einkochen lassen. Das Gemüse mit dem Stabmixer pürieren und durch ein Sieb passieren. Die Feigen waschen, schälen, in Würfel schneiden und unter das Fenchelpüree heben.

3 Die Fischfilets mit Salz und Pfeffer würzen. Das restliche Olivenöl in einer Pfanne erhitzen und die Fischfilets darin auf der Hautseite knusprig braten. Den Fisch auf dem Fenchelpüree anrichten und mit dem Fenchelgrün bestreuen.

TIPP: *Um dem Fenchelpüree mehr Volumen zu geben, kann man es auch mit etwas Topinambur- oder Kartoffelpüree mischen.*

Pro Portion: 228 kcal/954 kJ · 27 g E · 10 g F · 7 g KH · 56 mg Cholesterin · 0 BE

Gambas in Estragonsud

8 Gambas
4 Jakobsmuscheln
4 EL Olivenöl
100 g Gemüsewürfel
(Möhre, Lauch, Sellerie, Schalotte, Knoblauch)
½ EL Tomatenmark
5 EL Weißwein
200 ml Fischfond
(siehe Rezept S. 43)
1 Bund Estragon

1 Die Gambas aus der Schale brechen und den Darmstrang entfernen. Die Jakobsmuscheln aufbrechen und das Fleisch aus der Schale lösen. Das Muschelfleisch und die Gambas kalt abbrausen und trockentupfen.

2 In einem Topf 1 EL Olivenöl erhitzen und die Gambas darin anrösten. Die Gemüsewürfel hinzufügen und leicht anbraten. Das Tomatenmark unterrühren und kurz andünsten. Den Wein angießen und etwas einkochen lassen. Den Fischfond dazugießen und alles bei schwacher Hitze etwa 20 Minuten köcheln lassen.

3 Den Sud durch ein Sieb gießen, auffangen und nochmals einkochen lassen. Mit 1 EL Olivenöl binden. Die Estragonblättchen fein hacken und in den Sud geben. Das restliche Olivenöl erhitzen, die Gambas und die Muscheln darin kurz anbraten. Die Gambas und die Muscheln in den Estragonsud geben und bei schwacher Hitze etwa 5 Minuten garen.

Pro Portion: 252 kcal/1165 kJ · 24 g E · 16 g F · 6 g KH · 221 mg Cholesterin · 0 BE

Zander auf Mangold

4 große Mangoldblätter
1 ½ EL Olivenöl
Salz
Pfeffer aus der Mühle
1 Möhre
¼ Knollensellerie
½ Lauchstange
50 g Butter
¼ l Fischfond (siehe Rezept S. 43)
½ Bund Kerbel
Saft von ½ Zitrone
4 Zanderfilets (à 130 g)

1 Den Mangold waschen, die Blätter und die Stiele in feine Streifen schneiden. In einer Pfanne ½ EL Olivenöl erhitzen und die Stiele darin andünsten. Die Blätter dazugeben und weich dünsten. Mit Salz und Pfeffer abschmecken.

2 Die Möhre und den Sellerie schälen und in Würfel schneiden. Den Lauch putzen, waschen und in Würfel schneiden. Die Hälfte der Butter in einer Pfanne zerlassen und die Gemüsewürfel darin andünsten. Den Fischfond angießen und einkochen lassen. Die restliche Butter in Flöckchen unterrühren, dabei darf das Gemüse nicht mehr kochen. Die Kerbelblättchen fein hacken und unterrühren. Die Gemüsesauce mit dem Zitronensaft abschmecken.

3 Die Zanderfilets waschen, trockentupfen und mit Salz und Pfeffer würzen. Das restliche Olivenöl erhitzen und die Filets darin auf beiden Seiten goldgelb braten. Die Zanderfilets auf dem Mangold mit der Gemüsesauce anrichten.

TIPP: *Mangold wird auf unseren Märkten mit weißen und roten Stielen angeboten. Sie können für dieses Rezept natürlich beide Sorten verwenden – allerdings sieht das Gericht mit rotstieligem Mangold dekorativer aus.*

Pro Portion: 318 kcal/1331 kJ · 28 g E · 21 g F · 5 g KH · 134 mg Cholesterin · ½ BE

Rotzunge mit Venusmuscheln

400 g Venusmuscheln
1 Schalotte
1 Knoblauchzehe
2 EL Olivenöl
1 Thymianzweig
½ l Fischfond
(siehe Rezept S. 43)
4 Tomaten
4 Basilikumblätter
2 Rotzungenfilets
(à 180 g)
Salz
Pfeffer aus der Mühle

1 Die Muscheln unter fließendem kaltem Wasser gründlich abbürsten. Bereits geöffnete Muscheln aussortieren. Die Schalotte und die Knoblauchzehe schälen und hacken. 1 EL Olivenöl in einem Topf erhitzen und Schalotten- und Knoblauchwürfel darin andünsten.

2 Den Thymianzweig hinzufügen. Die Muscheln in den Topf geben und ¼ l Fischfond angießen. Zugedeckt bei starker Hitze so lange garen, bis die Muscheln aufspringen. Die Muscheln, die sich nicht geöffnet haben, aussortieren.

3 Den Sud durch ein Sieb gießen und auffangen. Das Muschelfleisch nach Belieben aus den Schalen lösen und warm stellen. Die Tomaten überbrühen, häuten, entkernen und in nicht zu kleine Würfel schneiden.

4 Die Basilikumblätter in feine Streifen schneiden. ½ EL Olivenöl erhitzen und die Tomatenwürfel darin kurz andünsten. Den Muschelfond angießen und einkochen lassen. Mit dem restlichen Olivenöl binden und das Basilikum unterrühren.

5 Die Fischfilets mit Salz und Pfeffer würzen. Den restlichen Fischfond erhitzen und die Fischfilets darin bei schwacher Hitze gar ziehen lassen. Den Fisch und die Muscheln kurz vor dem Servieren in den Tomatensud legen.

TIPP: *Anstelle der Venusmuscheln können Sie auch frische Miesmuscheln verwenden. Die Rotzungenfilets lassen sich durch Seezungenfilets ersetzen.*

Pro Portion: 156 kcal/655 kJ · 20 g E · 6 g F · 4 g KH · 99 mg Cholesterin · ½ BE

Seeteufelmedaillons auf Linsen

120 g rote Linsen
3 Schalotten
¼ Möhre
50 g Knollensellerie
¼ Lauchstange
30 g Butter
½ EL Tomatenmark
Salz
Pfeffer aus der Mühle
½ l Rinderbrühe
(siehe Rezept S. 42)
1 EL Aceto balsamico
1 TL Senf · Kurkuma
500 g Seeteufelfilet
2 EL Pflanzenöl

1 Reichlich Wasser in einem Topf erhitzen. Die Linsen darin kurz blanchieren, in ein Sieb abgießen, abwaschen und gut abtropfen lassen. Die Schalotten, die Möhre und den Sellerie schälen und in kleine Würfel schneiden. Den Lauch putzen, waschen und ebenfalls in kleine Würfel schneiden.

2 Die Butter in einem Topf zerlassen. Die Gemüsewürfel darin kurz andünsten. Das Tomatenmark unterrühren. Die Linsen hinzufügen und das Gemüse mit Salz und Pfeffer würzen. Die Brühe angießen und das Gemüse weich kochen. Mit Essig, Senf und etwas Kurkuma abschmecken.

3 Die Seeteufelfilet waschen und trockentupfen. In Medaillons schneiden und mit Salz und Pfeffer würzen. Das Pflanzenöl in einer Pfanne erhitzen. Die Seeteufelmedaillons darin bei starker Hitze auf beiden Seiten anbraten und auf dem Linsengemüse anrichten.

TIPP: *Kurkuma ist ein Bestandteil des Currypulvers und gibt diesem Gericht sowohl den leicht bitteren Geschmack als auch die intensive gelbe Farbe.*

Pro Portion: 320 kcal/1340 kJ · 31 g E · 13 g F · 20 g KH · 52 mg Cholesterin · 1 BE

Knurrhahn mit Lauch

5 EL Olivenöl
Saft von 1 Zitrone
2 TL Geflügelbrühe
(siehe Rezept S. 42)
1 TL Senf · Salz
Pfeffer aus der Mühle
1 Zucchino
1 Lauchstange
4 EL Pflanzenöl
2 Tomaten
8 Knurrhahnfilets
(mit Haut; à 80 g)

1 Für die Vinaigrette 3 EL Olivenöl, den Zitronensaft, die Geflügelbrühe und den Senf verrühren. Mit Salz und Pfeffer würzen. Den Zucchino putzen, waschen und in sehr kleine Würfel schneiden. Das restliche Olivenöl in einer Pfanne erhitzen, die Zucchiniwürfel darin kurz anbraten und in die Vinaigrette geben.

2 Die Lauchstange putzen. Reichlich Wasser in einem Topf erhitzen, die Lauchstange darin blanchieren und kalt abschrecken. Den Lauch schräg in Scheiben schneiden. In einer Pfanne 2 EL Pflanzenöl erhitzen und die Lauchscheiben darin auf beiden Seiten bei schwacher Hitze goldgelb braten. Mit Salz und Pfeffer würzen. Die Tomaten überbrühen, häuten, halbieren, entkernen und in Würfel schneiden. Die Tomaten unter das Lauchgemüse heben.

3 Die Knurrhahnfilets waschen, trockentupfen und mit Salz und Pfeffer würzen. Das restliche Öl erhitzen und die Filets darin auf der Hautseite knusprig braten. Die Fischfilets auf das Lauchgemüse setzen und mit der Vinaigrette beträufeln.

Pro Portion: 285 kcal/1192 kJ · 14 g E · 24 g F · 3 g KH · 21 mg Cholesterin · 0 BE

Jakobsmuscheln mit Chorizo und Kartoffeln

2 große Kartoffeln (fest kochend)
4 EL Olivenöl
120 g Chorizo
12 Jakobsmuscheln (ausgelöst)
1 Bund Lauchzwiebeln
200 ml Fischfond (siehe Rezept S. 43)
4 EL Johanniskrautöl
Salz · Pfeffer
etwas Zitronensaft

1 Die Kartoffeln schälen und in kleine Würfel schneiden. 1 EL Olivenöl in einer Pfanne erhitzen und die Kartoffeln darin bei mittlerer Hitze goldgelb braten.

2 Die Wurst in kleine Würfel schneiden, zu den Kartoffeln geben und kurz mitbraten. Die Kartoffel- und Wurstwürfel auf Küchenpapier abtropfen lassen.

3 Die Lauchzwiebeln putzen, waschen und der Länge nach halbieren. In der Pfanne 1 EL Olivenöl erhitzen und die Lauchzwiebeln darin kurz anbraten. Die Lauchzwiebeln aus der Pfanne nehmen und ebenfalls auf Küchenpapier abtropfen lassen.

4 Den Fischfond in einem Topf erhitzen und auf die Hälfte einkochen lassen. Das Johanniskrautöl hinzugeben. Den Fond mit Salz, Pfeffer und 1 Spritzer Zitronensaft abschmecken.

5 Die Jakobsmuscheln salzen und in dem restlichen Olivenöl kurz anbraten. Aus der Pfanne nehmen, mit den Kartoffel- und Wurstwürfeln und den Lauchzwiebeln zu einem kleinen Turm anrichten.

TIPP: *Anstelle der Jakobsmuscheln können Sie auch sehr gut Gambas verwenden. Das Johanniskrautöl lässt sich nach Belieben durch Kürbiskernöl ersetzen.*

Pro Portion: 249 kcal/1044 kJ · 17 g E · 16 g F · 10 g KH · 86 mg Cholesterin · ½ BE

Seewolf mit Mangochutney

1 Mango · 1 Prise Zucker
Salz · Cayennepfeffer
1 Schalotte
½ Apfel
2 Champignons
¼ Lauchstange
½ Selleriestange
20 g Butter
1 EL Currypulver (Madras)
¼ l Fischfond
(siehe Rezept S. 43)
2 TL Ananassaft
(naturrein)
4 TL Sahne
Saft von 1 Zitrone
4 Seewolffilets (à 120 g)
2 EL Olivenöl

1 Die Mango schälen. Eine Hälfte in Spalten, die andere in Würfel schneiden. Die Mangowürfel mit 100 ml Wasser, etwas Zucker, Salz und Cayennepfeffer aufkochen und unter ständigem Rühren einkochen lassen. Nochmals abschmecken.

2 Schalotte und Apfel schälen und in Würfel schneiden. Pilze putzen und klein schneiden. Lauch und Sellerie putzen, waschen und in Würfel schneiden. Die Butter zerlassen und das Gemüse darin andünsten. Mit Currypulver bestäuben.

3 Den Fischfond und den Ananassaft angießen und sirupartig einkochen lassen. Die Sahne hinzufügen und die Sauce mit Salz und Zitronensaft abschmecken. Die Gemüsesauce durch ein Sieb passieren, vor dem Servieren mit dem Stabmixer aufschäumen.

4 Die Seewolffilets waschen und trockentupfen. Das Olivenöl in einer Pfanne erhitzen und die Filets darin auf beiden Seiten goldbraun braten.

5 Die Mangospalten fächerartig auf Tellern anrichten und das Chutney darauf anrichten. Die Gemüsesauce über die Seewolffilets träufeln. Dazu passen blanchierte Zuckerschoten.

Pro Portion: 275 kcal/1154 kJ · 26 g E · 12 g F · 16 g KH · 133 mg Cholesterin · 1 BE

Saiblingsfilet mit Spargel

je 8 weiße und grüne Spargelstangen
Salz · flüssiger Süßstoff
200 g Pfifferlinge
1 EL Pflanzenöl
1 Schalotte
Pfeffer aus der Mühle
100 ml Geflügelbrühe (siehe Rezept S. 42)
40 g Butter
1 Bund Petersilie
Saft von ½ Zitrone
200 ml Gemüsebrühe (siehe Rezept S. 42)
4 Saiblingsfilets (480 g)

1 Die weißen Spargelstangen schälen. Von allen Stangen die holzigen Enden abschneiden. Salzwasser mit etwas Süßstoff aufkochen und den Spargel darin etwa 15 Minuten garen. Mit kaltem Wasser abschrecken. Die Spargelköpfe abschneiden und beiseite legen, die restlichen Stangen schräg in Scheiben schneiden.

2 Die Pfifferlinge putzen. Das Öl in einer Pfanne erhitzen und die Pilze darin bei starker Hitze anbraten, bis die austretende Flüssigkeit verdampft ist. Die Schalotte schälen, in kleine Würfel schneiden, in die Pfanne geben und etwa 5 Minuten mitdünsten. Die Pilze mit Salz und Pfeffer würzen. Mit den Spargelstücken mischen.

3 Die Geflügelbrühe einkochen lassen und die Butter in Flöckchen unterrühren. Petersilienblättchen fein hacken und dazugeben. Mit Zitronensaft abschmecken.

4 In einen Topf etwa 3 cm hoch Wurzelsud gießen und erhitzen. Einen Dämpfkorb oder Dämpfeinsatz hineinstellen. Die Saiblingsfilets mit Salz und Pfeffer würzen und in den Dämpfkorb legen. Bei schwacher Hitze etwa 5 Minuten garen.

5 Die Haut von den Filets abziehen. Die Filets auf dem Spargel-Pilz-Gemüse und den Spargelköpfen anrichten. Die Petersilien-Zitronen-Sauce darüber träufeln.

Pro Portion: 279 kcal/1166 kJ · 29 g E · 15 g F · 7 g KH · 91 mg Cholesterin · 0 BE

Steinbutt auf Chinakohl

50 g frischer Ingwer
1 EL Weißweinessig
Salz
½ Kopf Chinakohl
3 EL Pflanzenöl
Pfeffer aus der Mühle
1 EL grober Senf (Moutarde de Meaux)
4 Tranchen Steinbutt (à 120 g)

1 Den Ingwer schälen und in feine Scheiben schneiden. 1 EL Wasser in einem Topf mit dem Essig und 1 Prise Salz aufkochen. Über den Ingwer geben und ziehen lassen.

2 Den Chinakohl putzen und waschen. Vom Strunk befreien und in Streifen schneiden. 1 EL Pflanzenöl in einer Pfanne erhitzen, den Chinakohl darin anbraten und zusammenfallen lassen. Mit Salz und Pfeffer würzen. Den Senf und den marinierten Ingwer unterrühren.

3 Die Fischstücke waschen und trockentupfen, mit Salz und Pfeffer würzen. In einer Pfanne das restliche Öl erhitzen und den Fisch darin auf beiden Seiten goldbraun braten. Den Steinbutt auf dem Chinakohl anrichten.

TIPP: *Der marinierte Ingwer muss hauchdünn geschnitten werden. Er eignet sich auch als Geschmacksträger in Salaten oder asiatisch gewürztem Gemüse.*

Pro Portion: 180 kcal/752 kJ · 21 g E · 10 g F · 2 g KH · 0 mg Cholesterin · 0 BE

Pochierter Steinbutt

2 Tomaten
Saft von 1 Zitrone
4 EL Olivenöl · Salz
Pfeffer aus der Mühle
½ TL Korianderkörner
1 Bund Koriander
2 TL kleine Kapern
4 Steinbuttfilets (à 120 g)
1 Schalotte
1 Champignon
10 g Butter
200 ml Fischfond (siehe Rezept S. 43)

1 Die Tomaten überbrühen, häuten, halbieren und entkernen. Die Tomatenhälften in kleine Würfel schneiden. Den Zitronensaft mit dem Olivenöl, etwas Salz, Pfeffer und frisch gemahlenem Koriander zu einer Vinaigrette verrühren. Die Korianderblättchen abzupfen und fein hacken. Mit den Kapern und den Tomatenwürfeln unter die Vinaigrette rühren.

2 Die Steinbuttfilets waschen und trockentupfen, mit Salz und Pfeffer würzen. Die Schalotte schälen und in kleine Würfel schneiden. Den Champignon putzen und ebenfalls in kleine Würfel schneiden. Die Butter in einer Pfanne zerlassen und die Gemüsewürfel darin andünsten. Den Fischfond angießen und die Steinbuttfilets darin gar ziehen lassen.

3 Die Fischfilets aus dem Fond nehmen und auf Tellern anrichten. Die Tomaten-Koriander-Vinaigrette darüber geben.

Pro Portion: 251 kcal/1054 kJ · 24 g E · 15 g F · 5 g KH · 92 mg Cholesterin · ½ BE

Seezungenfilet im Reisblatt

8 Reisblätter
8 Seezungenfilets
(ca. à 70 g)
3 EL Olivenöl
800 g Möhren
30 g Butter
1 Prise Zucker
Salz
Muskatnuss
1 EL Zitronensaft
1 EL Crème fraîche
1 Bund Schnittlauch

1 Die Reisblätter einzeln je etwa 1 Minute in lauwarmes Wasser legen (z. B. auf einem Kuchenblech). Dann einige Minuten auf einem feuchten Küchentuch ziehen lassen. Die Seezungenfilets waschen und trockentupfen. Jeweils in ein Reisblatt einschlagen und mit Salz würzen. Das Olivenöl In einer Pfanne erhitzen und die in Reisblätter gehüllten Filets darin goldgelb braten.

2 Die Möhren schälen und kleine Stifte schneiden. Die Möhrenstifte mit Butter, Zucker, Salz und etwas frisch geriebener Muskatnuss in eine Kasserolle geben. Etwa ½ l Wasser angießen, die Kasserolle verschließen und die Möhren bei mittlerer Hitze etwa 20 Minuten garen. Den Deckel entfernen und die Flüssigkeit vollständig einkochen lassen.

3 Den Zitronensaft und die Crème fraîche unter die Möhren rühren und bei starker Hitze etwa 1 Minute kochen lassen. Den Schnittlauch waschen und trockenschütteln, in Röllchen schneiden und zu den Möhren geben. Die Filets im Reisblatt und mit dem Gemüse auf Tellern anrichten.

Pro Portion: 316 kcal/1323 kJ · 35 g E · 13 g F · 13 g KH · 118 mg Cholesterin · 1 BE

Petersfisch mit Perlzwiebeln

20 Perlzwiebeln
1 TL Zucker
2 TL Obstessig
Salz
Pfeffer aus der Mühle
4 TL Fischfond
(siehe Rezept S. 43)
3 EL Olivenöl
4 Tomaten
2 EL Pinienkerne
4 Petersfischfilets
(à 120 g)
2 Lorbeerblätter

1 Die Perlzwiebeln schälen. Den Zucker in 2 EL Wasser auflösen und aufkochen. Weiterkochen, bis ein heller Karamell entstanden ist. Mit dem Essig ablöschen und die Zwiebeln hinzufügen. Mit Salz und Pfeffer würzen und die Zwiebeln bei schwacher Hitze weich schmoren. Wenn die Flüssigkeit verdampft ist, den Fischfond und 1 EL Olivenöl unterrühren.

2 Die Tomaten überbrühen, häuten, entkernen und in Würfel schneiden. Die Pinienkerne in einer beschichteten Pfanne ohne Fett goldbraun rösten. Die Tomaten und zum Schluss die Pinienkerne unter die Zwiebeln rühren.

3 Die Fischfilets waschen und trockentupfen. Das restliche Olivenöl in einer Pfanne erhitzen. Lorbeerblätter längs halbieren und in das heiße Öl geben. Die Filets darin auf beiden Seiten goldbraun braten und mit den Perlzwiebeln servieren.

Pro Portion: 258 kcal/1102 kJ · 23 g E · 14 g F · 11 g KH · 1 mg Cholesterin · 0 BE

Kabeljau mit Räucherlachs

4 Kabeljaufilets (à 120 g)
80 g Räucherlachs (in Scheiben)
1 Salatgurke
40 g Butter
Salz
2 EL Fischfond (siehe Rezept S. 43)
1 Bund Dill
2 EL Pflanzenöl

1 Die Kabeljaufilets waschen und trockentupfen. Mit einem scharfen Messer jeweils längs mehrmals einschneiden. Den Räucherlachs in feine Streifen schneiden und die Kabeljaufilets damit spicken. Dafür die Lachsstreifen durch die Einschnitte fädeln.

2 Die Gurke schälen, längs halbieren und das Kerngehäuse mit einem Teelöffel herauslösen. Die Gurkenhälften in dünne Scheiben schneiden.

3 In einer Pfanne 20 g Butter zerlassen, die Gurkenscheiben hinzufügen und mit etwas Salz bestreuen. Die Gurken in der Pfanne 2 Minuten glasieren, bis sie schön glänzen. Den Fischfond angießen und die restliche Butter in Flöckchen unterrühren. Die Dillspitzen abzupfen, fein hacken und unter das Gurkengemüse rühren.

4 Das Öl in einer Pfanne erhitzen und die gespickten Kabeljaufilets darin auf beiden Seiten goldbraun braten. Das Gurkengemüse auf Teller verteilen und den Kabeljau darauf anrichten.

TIPP: *Zum Spicken des Fischfilets verwenden Sie am besten eine Spicknadel, die man in gut sortierten Haushaltswarengeschäften erhält. Besonders dekorativ sieht das Gurkengemüse aus, wenn Sie die Gurke nur zum Teil schälen, sodass die Schale in Streifen stehen bleibt. Oder Sie ziehen die Schale mit einem Zestenreißer in langen Streifen ab und verwenden die Schalenstreifen als Garnitur.*

Pro Portion: 261 kcal/1103 kJ · 26 g E · 17 g F · 2 g KH · 95 mg Cholesterin · 0 BE

Geflügel

(VON ENTENBRUST BIS GEFÜLLTE WACHTELN)

Poulardenbrust mit Parmaschinken

4 Poulardenbrüste (à 120–140 g)
Salz
Pfeffer aus der Mühle
2 Salbeiblätter
4 dünne Scheiben Parmaschinken
1 EL Olivenöl
50 g Butter
300 g Kenia-Bohnen
1 Schalotte
130 g Maiskörner (aus der Dose)
2 EL Rinderbrühe (siehe Rezept S. 42)
1 Bund Bohnenkraut

1 Den Backofen auf 160 °C vorheizen. Die Poulardenbrüste waschen und trockentupfen, mit wenig Salz und Pfeffer würzen.

2 Die Salbeiblätter waschen, der Länge nach halbieren und auf die Poulardenbrüste legen. Um jede Poulardenbrust jeweils eine Scheibe Schinken legen. Mit Küchengarn umwickeln, damit sich der Schinken beim Braten nicht löst.

3 Das Olivenöl und 20 g Butter in einer Pfanne erhitzen und die Poulardenbrüste darin auf beiden Seiten leicht anbraten. Das Fleisch aus der Pfanne nehmen, das Küchengarn entfernen und die Poulardenbrüste in eine flache, ofenfeste Form legen. Im Ofen in etwa 10 Minuten fertig garen, dabei mehrmals mit dem Bratfett begießen.

4 Die Bohnen putzen und waschen. Reichlich Salzwasser in einem Topf zum Kochen bringen und die Bohnen darin 3 bis 5 Minuten blanchieren. Die Bohnen in ein Sieb abgießen und mit kaltem Wasser abschrecken, damit sie ihre intensive Farbe behalten.

5 Die Schalotte schälen und in kleine Würfel schneiden. Den Mais in ein Sieb geben und abtropfen lassen. Die restliche Butter zerlassen und die Schalottenwürfel darin andünsten. Die Bohnen und die Maiskörner dazugeben, mit Salz und Pfeffer würzen und die Rinderbrühe angießen. Kurz einkochen lassen.

6 Das Bohnenkraut waschen und die Blättchen fein hacken. Das Bohnengemüse mit dem Bohnenkraut abschmecken. Die Poulardenbrüste schräg in Scheiben schneiden und auf dem Gemüse anrichten.

TIPP: *Die Poulardenbrüste sollte man nur wenig würzen, da der Parmaschinken beim Braten sehr viel Salz abgibt.*

Pro Portion: 420 kcal/1761 kJ · 33 g E · 26 g F · 13 g KH · 126 mg Cholesterin · 1 BE

Brust vom Schwarzfederhuhn auf Apfel-Rosmarin-Polenta

400 ml Milch (1,5 % Fett)
4 EL Olivenöl
160 g Polentagries
Salz
Pfeffer aus der Mühle
Muskatnuss
1 Apfel (säuerlich)
5 g Zucker
50 g Parmesan
1 Rosmarinzweig
4 Schwarzfederhuhnbrüste (à 150 g)

1 Den Backofen auf 160 °C vorheizen. Die Milch mit 1 EL Olivenöl aufkochen. Den Polentagries nach und nach einrühren und bei schwacher Hitze etwa 15 Minuten ziehen lassen. Den Polentagries mit Salz, Pfeffer und frisch geriebener Muskatnuss kräftig abschmecken.

2 Den Apfel, schälen, entkernen und in feine Würfel schneiden. Die Apfelwürfel in eine Pfanne geben und mit dem Zucker karamellisieren. Die Rosmarinnadeln waschen und fein hacken. Den Parmesan fein reiben.

3 Die Schwarzfederhuhnbrüste mit Salz und Pfeffer würzen. Das Olivenöl in einer ofenfesten Pfanne erhitzen und die Brüste darin von beiden Seiten anbraten. Danach im Ofen in etwa 10 Minuten fertig garen. Die Brüste aufschneiden und auf der Polenta anrichten.

Pro Portion: 441 kcal/1832 kJ · 47 g E · 10 g F · 40 g KH · 115 mg Cholesterin · 3 BE

Entenbrust auf Quittenpüree

1 Quitte
15 g Zucker
2 TL Obstessig
Salz
Pfeffer aus der Mühle
4 Entenbrustfilets (à 150–200 g)
30 g Preiselbeeren (aus dem Glas, ohne Zucker)

1 Den Backofen auf 160 °C vorheizen. Die Quitte schälen, vierteln, vom Kerngehäuse befreien und in kleine Würfel schneiden. Den Zucker in 2 EL Wasser auflösen und aufkochen. Den Zuckersirup weiterkochen, bis ein heller Karamell entsteht. Mit dem Essig ablöschen, die Quittenwürfel hinzufügen und etwas Wasser angießen. Die Würfel weich dünsten, bis die Flüssigkeit verdampft ist. Durch ein feines Sieb streichen und mit Salz und Pfeffer abschmecken.

2 Die weiße Haut der Entenbrüste rautenförmig einschneiden und mit Salz und Pfeffer würzen. Die Entenbrüste in einer ofenfesten Pfanne ohne Fett auf der Hautseite bei mittlerer Hitze etwa 5 Minuten braten. Das Fleisch wenden und im Ofen in etwa 10 Minuten rosa braten. Herausnehmen und mit einem Küchentuch abgedeckt kurz ruhen lassen. Die Entenbrüste schräg in Scheiben schneiden und auf dem Quittenpüree anrichten. Mit den Preiselbeeren servieren.

Pro Portion: 329 kcal/1370 kJ · 32 g E · 18 g F · 9 g KH · 113 mg Cholesterin · ½ BE

Putenfilet „Chinoise"

300 g Pak Choi
1 rote Paprika
1 Möhre
20 g frischer Ingwer
¼ Knoblauchzehe
1 EL Sesamsamen
500 g Putenfilet
Salz
Pfeffer aus der Mühle
2 EL Sesamöl
Chilipulver
2 EL Sojasauce
4 EL Geflügelbrühe
(siehe Rezept S. 42)
1 Bund Koriander

1 Pak Choi putzen, waschen und in Streifen schneiden. Die Paprikaschote entkernen, waschen und ebenfalls in Streifen schneiden. Die Möhre schälen und in feine Streifen schneiden. Den Ingwer schälen und fein reiben. Den Knoblauch schälen und hacken. Die Sesamsamen in einer Pfanne ohne Fett rösten.

2 Das Putenfilet waschen und trockentupfen. In dünne Scheiben schneiden und mit Salz und Pfeffer würzen. Das Sesamöl in einem Wok oder einer Pfanne stark erhitzen und die Putenstreifen darin unter Wenden goldbraun anbraten. Herausnehmen und warm stellen.

3 Pak Choi-, Paprika- und Möhrenstreifen im Wok anbraten, Knoblauch und Ingwer hinzufügen. Das Gemüse mit Salz, Chilipulver und Pfeffer würzen. Die Sojasauce und die Geflügelbrühe hinzufügen. Die Putenstreifen unterheben. Mit den fein gehackten Korianderblättchen und den gerösteten Sesamsamen garnieren.

TIPP: *In Deutschland wird Pak Choi auch als Senfkohl, Pekingkohl oder Blätterkohl bezeichnet. Pak Choi bekommen Sie in Asienläden oder auf Wochenmärkten. Sie können den langstieligen Kohl aber auch durch Mangold oder Spinat ersetzen.*

Pro Portion: 273 kcal/1145 kJ · 31 g E · 14 g F · 6 g KH · 83 mg Cholesterin · 0 BE

Stubenküken auf Avocado

100 g Schweinenetz
4 Stubenküken
(ca. 400 g)
Salz
Pfeffer aus der Mühle
2 EL Pflanzenöl
2 Avocados
120 g saure Sahne
Saft von ½ Zitrone
2 TL Olivenöl
2 Tomaten

1 Das Schweinenetz in lauwarmem Wasser einweichen. Die Stubenküken auf den Rücken legen. Die Schenkel etwas vom Rumpf wegziehen und mit einem scharfen Messer jeweils im Gelenk durchtrennen.

2 Das Brustfleisch am Brustbein entlang teilen. Die Bruststücke vom Knochen lösen und häuten (restliches Fleisch und das Knochengerüst anderweitig verwenden, z. B. für eine Geflügelbrühe).

3 Je ein Bruststück und eine Keule der Stubenküken übereinander legen und mit Salz und Pfeffer würzen. Das Schweinenetz ausbreiten, trockentupfen und in acht Stücke schneiden. Brust und Keule vorsichtig in das Schweinenetz einschlagen.

4 Den Backofen auf 160 °C vorheizen. Das Öl in einer ofenfesten Pfanne erhitzen und das Fleisch darin langsam auf beiden Seiten goldgelb braten. Im Ofen in 10 Minuten fertig garen.

5 Die Avocados schälen, in dünne Scheiben schneiden und fächerartig auf Teller verteilen. Kurz in den Backofen schieben und erwärmen. Die saure Sahne mit Zitronensaft und Olivenöl verrühren und mit Salz und Pfeffer abschmecken.

6 Die Tomaten überbrühen, häuten, halbieren und entkernen. Die Hälften in kleine Würfel schneiden. Die Tomatenwürfel unter die Saure-Sahne-Sauce rühren.

7 Die Saure-Sahne-Sauce über die Avocados geben. Die Keulen-Päckchen darauf anrichten und servieren.

TIPP: *Das Schweinenetz besteht aus einem feinen Fettgewebe und löst sich beim Braten fast vollständig auf. Es eignet sich zum Umhüllen empfindlicher Gerichte, die beim Braten geschützt werden sollen.*

Pro Portion: 412 kcal/1722 kJ · 22 g E · 35 g F · 3 g KH · 121 mg Cholesterin · 0 BE

Gefüllte Perlhuhnbrust

4 Perlhuhnbrüste (à 120–140 g)
40 g Taleggio (italienischer Weichkäse)
Salz
Pfeffer aus der Mühle
4 EL Olivenöl
¼ Knollensellerie
2 mittelgroße Kartoffeln
Muskatnuss

1 Den Backofen auf 160 °C vorheizen. In die Perlhuhnbrüste jeweils eine kleine Tasche schneiden, mit einem Stück Käse füllen und wieder zuklappen. Mit Salz und Pfeffer würzen. 2 EL Olivenöl in einer ofenfesten Pfanne erhitzen und die Perlhuhnbrüste darin auf beiden Seiten knusprig braten. Im Ofen in etwa 10 Minuten fertig garen.

2 Den Sellerie schälen und zuerst in Scheiben, dann in feine Streifen schneiden. In Salzwasser kurz blanchieren, kalt abschrecken und trockentupfen. Die Kartoffeln schälen und auf einer Küchenreibe grob raspeln. Mit Salz, Pfeffer und frisch geriebener Muskatnuss würzen. Die Selleriestreifen mit den Kartoffeln mischen.

3 In einer Pfanne 1 EL Olivenöl erhitzen. Die Kartoffelmasse in vier Häufchen ins heiße Fett setzen. Die Häufchen flach drücken und von beiden Seiten goldgelb backen. Beim Wenden eventuell noch etwas Öl hinzugeben. Die Perlhuhnbrüste auf den Reibekuchen anrichten und mit etwas Olivenöl beträufeln.

Pro Portion: 358 kcal/1496 kJ · 31 g E · 23 g F · 8 g KH · 88 mg Cholesterin · ½ BE

Hähnchen mit Fenchel und Artischocken

2 Hähnchen (à 1 kg)
1 Fenchelknolle
2 Artischocken
4 Kartoffeln
Salz
Pfeffer aus der Mühle
2 EL Olivenöl
2 Thymianzweige
1 Knoblauchzehe
200 ml Geflügelbrühe (siehe Rezept S. 42)
½ Bund Petersilie

1 Die Hähnchen vom Metzger auf „amerikanische Art" zerlegen lassen: die Keulenstücke mit Knochen halbieren, die Flügel an den Schultergelenken durchtrennen und den Torso mit den Knochen sechsteln.

2 Das Gemüse putzen. Den Fenchel mit dem Strunk in Scheiben, die Artischokken in Spalten schneiden. Die Kartoffeln schälen und in Würfel schneiden.

3 Den Backofen auf 180 °C vorheizen. Die Hähnchenteile mit Salz und Pfeffer würzen. Das Olivenöl in einem Bräter erhitzen, die Hähnchenteile darin von allen Seiten goldgelb anbraten und herausnehmen. Gemüse im Bräter anbraten, mit Salz und Pfeffer würzen. Thymianzweige und die ungeschälte, zerdrückte Knoblauchzehe hinzufügen. Die Hähnchenstücke zum Gemüse geben und die Geflügelbrühe angießen.

4 Die Hähnchen zugedeckt im Ofen 40 bis 45 Minuten schmoren. Die Petersilienblättchen fein hacken. Die Hähnchen mit Petersilie bestreut servieren.

Pro Portion: 519 kcal/2169 kJ · 66 g E · 23 g F · 11 g KH · 246 mg Cholesterin · ½ BE

Hähnchenbrust in Lavendelsud

2 Kartoffeln
1 Möhre
1 Selleriestange
½ Lauchstange
½ l Geflügelbrühe (siehe Rezept S. 42)
Salz
Pfeffer aus der Mühle
4 Hähnchenbrustfilets (à 120 g)
½ Bund Petersilie
3 Lavendelstiele (mit Blüten)

1 Kartoffeln, Möhre und Sellerie schälen. Kartoffeln und Möhre zuerst in Scheiben, dann in Rauten schneiden. Sellerie schräg in Scheiben schneiden. Lauch putzen, waschen und in Rauten schneiden.

2 Die Geflügelbrühe aufkochen und mit Salz und Pfeffer abschmecken. Zuerst die Kartoffeln, anschließend den Sellerie und die Möhren und zum Schluss den Lauch in die Brühe geben und darin garen.

3 Die Hähnchenbrüste mit Salz und Pfeffer würzen, in die Brühe geben und darin bei schwacher Hitze etwa 12 Minuten gar ziehen lassen. Zum Servieren das Fleisch herausnehmen, in Scheiben schneiden und wieder in die Brühe zurückgeben. Die Petersilienblättchen fein hacken und darüber streuen. Die Lavendelblüten hinzufügen.

TIPP: *In den Hochsommermonaten sollten Sie möglichst frischen Lavendel verwenden. Getrocknete Lavendelblüten müssen sparsamer dosiert werden, da sie sehr intensiv im Geschmack sind.*

Pro Portion: 261 kcal/1093 kJ · 32 g E · 10 g F · 9 g KH · 92 mg Cholesterin · ½ BE

Fasanenbrust im Wirsingblatt

60 g Schweinenetz
4 Fasanenbrüste
(à 100–120 g)
Salz
Pfeffer aus der Mühle
4 schöne Wirsingblätter
2 TL Sahne
2 EL Pflanzenöl
40 g Butter
300 g Kürbisfleisch
2 Schalotten
½ TL Kümmelsamen
1 TL Tomatenmark
1 EL Crème fraîche

1 Das Schweinenetz in lauwarmem Wasser einweichen. Die Fasanenbrüste mit Salz und Pfeffer würzen. Reichlich Salzwasser in einem Topf aufkochen und die Wirsingblätter darin kurz blanchieren. Die Blätter mit kaltem Wasser abschrecken und trockentupfen.

2 Den Backofen auf 160 °C vorheizen. Die Filets der Fasanenbrüste ablösen und die Sehne herausschneiden. Die Filets kurz kalt stellen.

3 Die gekühlten Filets im Blitzhacker mit der Sahne und etwas Salz zu einer glatten Farce verarbeiten. Die Fasanenbrüste damit bestreichen und in die Wirsingblätter einschlagen.

4 Das Schweinenetz ausbreiten, trockentupfen und in vier gleich große Stücke schneiden. Die Wirsingpäckchen darin einschlagen. Das Öl und 20 g Butter in einer ofenfesten Pfanne aufschäumen und die Wirsingpäckchen darin von allen Seiten anbraten. Im Ofen in etwa 12 Minuten fertig garen.

5 Das Kürbisfleisch grob raspeln und leicht mit Salz würzen. Die Schalotten schälen und in Würfel schneiden. In einem Topf die restliche Butter zerlassen und die Schalotten darin glasig dünsten. Das Kürbisfleisch ausdrücken (das geht am besten mit einem feinen Mulltuch) und mit dem gehackten Kümmel dazugeben. Das Tomatenmark unterrühren. Das Kürbisgemüse zugedeckt etwa 30 Minuten schmoren, bis die gesamte Flüssigkeit eingekocht ist.

6 Das Kürbisgemüse mit Salz und Pfeffer abschmecken und die Crème fraîche unterrühren. Die Wirsingpäckchen in Scheiben schneiden und auf dem Kürbisgemüse anrichten.

TIPP: *Kaufen Sie möglichst frischen Fasan, da tiefgefrorener oft strohig und trocken wird. Die Saison dauert von Oktober bis Dezember. Beim Kauf von Geflügel lohnt es sich, auf Qualität zu achten. Die Erzeugnisse aus artgerechter Haltung schmecken meist besser und die einheimischen Produzenten werden unterstützt.*

Pro Portion: 300 kcal/1260 kJ · 25 g E · 19 g F · 6 g KH · 105 mg Cholesterin · 0 BE

Barbarie-Ente mit Rosenkohl und Pancetta

4 Barbarieentenkeulen (à 150 g)
Salz
Pfeffer aus der Mühle
4 EL Olivenöl
2 rote Zwiebeln
2 Stangensellerie
1 Knoblauchzehe
1 Rosmarinzweig
1 Zimtstange
1 EL Tomatenmark
¼ l Rotwein
30 g Pancetta
12 Rosenkohlröschen
1 Schalotte

1 Die Entenkeulen mit Salz und Pfeffer würzen. 3 EL Olivenöl in einer ofenfesten Pfanne erhitzen und die Keulen darin von beiden Seiten anbraten. Aus der Pfanne herausnehmen und das Öl abgießen.

2 Den Backofen auf 160 °C vorheizen. Die Zwiebeln schälen und in grobe Würfel schneiden. Den Sellerie putzen, waschen und ebenfalls in grobe Würfel schneiden. Den Knoblauch schälen und fein hacken. Das Gemüse in die Pfanne geben und zusammen mit Rosmarin, Zimt und Tomatenmark etwa 5 Minuten andünsten.

3 Die Entenkeulen zum Gemüse geben. Die Pfanne mit einem Deckel verschließen und die Keulen im Ofen etwa 1 ½ Stunden schmoren. Anschließend das Fett von den Keulen lösen. Das Fleisch von den Knochen trennen und in grobe Stücke zupfen. Die Sauce passieren und die Fleischstücke hineingeben.

4 Pancetta in Würfel schneiden. Rosenkohl putzen, waschen und die Blätter einzeln ablösen. Die Schalotte schälen und in feine Würfel schneiden. Rosenkohlblätter, Wurst- und Schalottenwürfel in dem restlichen Olivenöl kurz andünsten. Mit Salz und Pfeffer würzen. Das Entenfleisch auf dem Rosenkohl anrichten.

Pro Portion: 489 kcal/2048 kJ · 31 g E · 34 g F · 5 g KH · 124 mg Cholesterin · ½ BE

Maispoularde aus dem Römertopf

1 Maispoularde (ca. 1,2 kg)
Salz
Pfeffer aus der Mühle
3 EL Olivenöl
4 mittelgroße Kartoffeln
1 Lauchstange
4 Tomaten
1 Bund Koriander
¼ l Geflügelbrühe (siehe Rezept S. 42)

1 Den Backofen auf 160 °C vorheizen. Den Römertopf vor Gebrauch wässern. Die Poularde waschen und trockentupfen, innen und außen mit Salz und Pfeffer würzen. Das Olivenöl in einer Pfanne erhitzen, die Poularde darin von allen Seiten anbraten und in den Römertopf setzen.

2 Die Kartoffeln schälen und achteln. Den Lauch putzen, waschen und schräg in Scheiben schneiden. Die Tomaten überbrühen, häuten und entkernen. Den Koriander waschen, die Blättchen abzupfen und beiseite legen. Das Gemüse zur Poularde geben und mit Salz und Pfeffer würzen. Die Geflügelbrühe angießen. Die Korianderstiele mit Küchengarn umwickeln und dazugeben. Den Römertopf zugedeckt in den Ofen stellen und die Poularde 1 ½ bis 2 Stunden schmoren lassen.

3 Das Poulardenfleisch auslösen und auf dem Gemüse anrichten. Mit den Korianderblättchen bestreuen. Die Sauce nach Belieben mit etwas Olivenöl binden.

Pro Portion: 810 kcal/3389 kJ · 43 g E · 64 g F · 18 g KH · 155 mg Cholesterin · 1 BE

Taube auf Brokkolipüree

4 Tauben (à 300 g)
Salz
Pfeffer aus der Mühle
3 EL Olivenöl
250 g Brokkoli
2 EL Sahne

1 Die Tauben mit Küchengarn dressieren. Dafür Flügel und Halshaut nach unten stecken, Bürzel und Schenkel zusammenbinden. Die Schnurenden an den Seiten entlangziehen und um die Schenkel schlingen. Das Garn nach unten ziehen und auf der Rückenseite verknoten, um die Flügel festzubinden.

2 Den Backofen auf 180 °C vorheizen. Die Tauben mit Salz und Pfeffer würzen. Das Olivenöl in einer ofenfesten Pfanne erhitzen und die Tauben darin von allen Seiten anbraten. Im Ofen auf der Keulenseite und auf dem Rücken jeweils etwa 4 Minuten garen. Die Tauben aus dem Ofen nehmen und ruhen lassen, damit sich der Saft wieder verteilen kann und die Brust schön rosa bleibt. Die Keulen auslösen und in etwas Olivenöl in der Pfanne nachbraten. Die Brüste auslösen und von beiden Seiten kurz mitbraten.

3 Den Brokkoli putzen, waschen und in Röschen teilen, die Stiele in Scheiben schneiden. Die Hälfte der Röschen in reichlich Salzwasser garen. Abgießen, kalt abschrecken und abtropfen lassen. Mit dem Stabmixer pürieren, dabei die Sahne hinzufügen und mit Salz und Pfeffer abschmecken. Das Püree durch ein Sieb streichen. Die restlichen Brokkoliröschen in Salzwasser blanchieren und unter das Püree heben. Mit den Taubenbrüsten und -keulen anrichten.

Pro Portion: 521 kcal/2179 kJ · 54 g E · 33 g F · 2 g KH · 280 mg Cholesterin · 0 BE

Gefüllte Wachteln

4 Wachteln (Karkassen und ausgelöstes Fleisch)
4 EL Olivenöl
150 g Gemüsewürfel
1 TL Tomatenmark
20 g Senfkörner
3 EL Apfelsaft
2 Schalotten
100 g Mischbrot
5 EL Milch · 40 g Butter
80 g Steinpilze
1 Eigelb
½ Bund Petersilie
Salz
Pfeffer aus der Mühle
Muskatnuss

1 Wachtelkarkassen in Stücke hacken. 2 EL Olivenöl erhitzen und die Knochen darin anrösten. Die Gemüsewürfel (Möhre, Sellerie, Lauch) dazugeben. Das Tomatenmark unterrühren. Kaltes Wasser angießen, bis alles bedeckt ist. Bei schwacher Hitze etwa 1 Stunde köcheln lassen. Sauce durch ein Sieb streichen und einkochen. Senfkörner im Apfelsaft weich kochen und in die Sauce geben.

2 Den Backofen auf 180 °C vorheizen. Die Schalotten schälen und in kleine Würfel schneiden. Das Brot in Würfel schneiden. Die Milch aufkochen. 20 g Butter zerlassen, die Schalotten darin andünsten und zu den Brotwürfeln geben. Die heiße Milch darüber gießen, etwa 10 Minuten ziehen lassen.

3 Die Steinpilze putzen, in Würfel schneiden und in 1 EL Olivenöl goldgelb braten. Die Pilze mit dem Eigelb und der gehackten Petersilie unter die Brotmasse rühren. Gut vermischen und mit Salz, Pfeffer und frisch geriebener Muskatnuss würzen.

4 Wachteln innen und außen mit Salz und Pfeffer würzen, mit der Masse füllen und auf gebutterte Alufolie setzen. Die Folie rundherum falzen. Die Wachteln mit etwas Olivenöl bestreichen und im Ofen in etwa 20 Minuten garen. Mit der Sauce servieren. Dazu passt Blattspinat mit Pinienkernen.

Pro Portion: 605 kcal/2531 kJ · 45 g E · 40 g F · 15 g KH · 167 mg Cholesterin · 1 BE

Fleisch

(VON ENTRECÔTE BIS TAFELSPITZ)

Lammrücken in Salzkruste

2 ausgelöste Lammrücken (à 300 g)
Salz
Pfeffer aus der Mühle
8 dünne Scheiben grüner Speck
3 Eiweiß
1 kg grobes Meersalz
je 2–3 Rosmarin- und Thymianzweige
1 Schalotte
6 Möhren
20 g frischer Ingwer
30 g Butter
2 EL Mineralwasser

1 Den Backofen auf 200 °C vorheizen. Das Lammfleisch mit Salz und Pfeffer würzen. Mit den Speckscheiben umwickeln und mit Küchengarn befestigen. Die Eiweiße mit einem Schneebesen leicht schaumig schlagen und unter das Meersalz rühren. Falls nötig, noch etwas Wasser hinzugeben, sodass ein formbarer Teig entsteht.

2 Den Boden einer flachen, ofenfesten Pfanne mit Alufolie auslegen und mit etwas Salzmasse bestreichen. Die Lammrücken darauf setzen und mit den Rosmarin- und Thymianzweigen belegen. Die Lammrücken mit der restlichen Salzmasse bestreichen, sodass sie ganz ummantelt sind. Im Ofen etwa 15 bis 20 Minuten garen.

3 Die Schalotte schälen und in kleine Würfel schneiden. Die Möhren schälen und in hauchdünne Scheiben schneiden. Den Ingwer schälen und sehr fein reiben.

4 Die Butter in einem Topf zerlassen. Die Schalottenwürfel und die Möhrenscheiben darin andünsten. Mit Salz und Pfeffer würzen und das Mineralwasser dazugeben. Das Gemüse zugedeckt in 8 bis 10 Minuten gar kochen und mit dem Ingwer abschmecken.

5 Den Lammrücken aus dem Ofen nehmen und das Salz mithilfe eines Löffels aufschlagen. Das Fleisch aus der Salzkruste nehmen und in Scheiben schneiden. Mit dem Möhrengemüse anrichten.

TIPP: *Die Salzkruste eignet sich auch hervorragend zum Garen von Fischen, wie z. B. Seewolf. Sie können die Salzkruste auch mit Mehl zu einem festeren Teig verarbeiten. Für diesen Salzteig verkneten Sie 250 g Mehl, 1 kg Meersalz und 2 Eier mit so viel Wasser, dass ein geschmeidiger Teig entsteht, der sich gut ausrollen lässt.*

Pro Portion: 465 kcal/1948 kJ · 43 g E · 28 g F · 8 g KH · 127 mg Cholesterin · 0 BE

Schweinefilet im Pilzmantel

200 g Schweinenetz
4 Schweinefilets (à 150 g)
Salz
Pfeffer aus der Mühle
7 EL Pflanzenöl
100 g Champignons
100 g Pfifferlinge
50 g Butter
2 Schalotten
1 Bund Petersilie
etwas grobes Meersalz
je 5 EL Rot- und Portwein

1 Das Schweinenetz in lauwarmem Wasser einweichen. Die Schweinefilets mit Salz und Pfeffer würzen und in 3 EL Öl von allen Seiten anbraten. Das Fleisch aus der Pfanne nehmen, trockentupfen und kalt stellen.

2 Den Backofen auf 180 °C vorheizen. Die Champignons und die Pfifferlinge putzen und fein hacken. 50 g Butter und 1 EL Öl in einer Pfanne erhitzen und die Pilze darin dünsten. Die Schalotten schälen, in feine Würfel schneiden und dazugeben. Mit Salz und Pfeffer würzen. Die Petersilie waschen und trockenschütteln. Die Blättchen abzupfen, fein hacken und unter die Pilze geben.

3 Das Schweinenetz trockentupfen und vorsichtig ausbreiten. Die gedünsteten Pilze rundum an die Schweinefilets drücken. Die Filets fest in das Schweinenetz einrollen und mit Küchengarn umwickeln.

4 Die eingewickelten Filets in 3 EL Öl von allen Seiten anbraten, aus der Pfanne nehmen und auf den Backrost setzen. Im Ofen 12 bis 15 Minuten garen, dabei eine Saftpfanne oder das mit Alufolie ausgelegte Backblech unter den Rost schieben. Das Fleisch aus dem Ofen nehmen, in Alufolie wickeln und ruhen lassen. Den Bratensaft beiseite stellen.

5 Das Meersalz in eine flache, ofenfeste Form geben und die Schalotten darauf setzen. Im heißen Backofen in etwa 15 Minuten garen, anschließend schälen.

6 Rot- und Portwein in einem Topf sirupartig einkochen lassen. Mit dem aufgefangenen Bratensaft auffüllen und nochmals einkochen lassen. Das Schweinefilet aus dem Küchengarn lösen und in gleichmäßige Medaillons schneiden. Mit den Schalotten und etwas Weinsauce auf Tellern anrichten.

Pro Portion: 561 kcal/2349 kJ · 45 g E · 39 g F · 3 g KH · 152 mg Cholesterin · 0 BE

Lammkoteletts mit Auberginen

2 Auberginen
Salz
etwas grobes Meersalz
5 EL Olivenöl
1 Prise Currypulver
12 Lammkoteletts
Pfeffer aus der Mühle
2 Rosmarinzweige
Fett zum Ausbacken

1 Den Backofen auf 160 °C vorheizen. Die Auberginen waschen und trockentupfen. Eine Aubergine der Länge nach halbieren, die andere in hauchdünne Scheiben schneiden. Die Auberginenscheiben salzen und 15 bis 30 Minuten Wasser ziehen lassen.

2 Die Auberginenhälften mehrmals leicht einritzen und salzen. Eine ofenfeste Form mit Meersalz ausstreuen und die Auberginenhälften mit den Schnittflächen nach unten darauf setzen. Die Auberginen im Ofen etwa 20 Minuten garen.

3 Die Auberginen aus dem Ofen nehmen und das Fruchtfleisch mit einem Löffel aus der Schale lösen. Das Auberginenfleisch mit 2 EL Olivenöl und dem Currypulver mit dem Stabmixer zu einer glatten Creme pürieren. Mit Salz abschmecken und im Ofen warm halten.

4 Die Lammkoteletts mit Salz und Pfeffer würzen. Das restliches Olivenöl in einer Pfanne erhitzen. Die Lammkoteletts darin in etwa 3 Minuten pro Seite schön rosa braten. Mit Rosmarinnadeln bestreuen.

5 Die Auberginenscheiben gründlich abspülen und gut trockentupfen. Das Fett in einer Pfanne erhitzen und die Auberginenscheiben darin schwimmend ausbacken.

6 Jeweils etwas Auberginenpüree auf eine gebratene Auberginenscheibe geben und je drei Scheiben übereinander schichten. Die Lammkoteletts mit den Auberginen anrichten.

Pro Portion: 572 kcal/2394 kJ · 32 g E · 48 g F · 3 g KH · 99 mg Cholesterin · 0 BE

Tafelspitz auf Blattspinat

6 schöne Rinder-knochen
1 Zwiebel
Tafelspitz (ca. 1 kg)
Salz
1 Bouquet garni (Kräutersträußchen, z.B. Petersilie, Thymian, Lorbeerblatt)
400 g junger Blattspinat
1 Knoblauchzehe
2 Schalotten
1 EL Olivenöl
Pfeffer aus der Mühle
1 Bund Radieschen
1 EL Champagneressig
2 EL Traubenkernöl
1 Bund Gartenkresse (ersatzweise 1 Kästchen Kresse)

1 In einem Topf reichlich Wasser aufkochen. Die Rinderknochen im kochenden Wasser blanchieren, abgießen und kurz abspülen. Einen großen Topf auf der Kochplatte stark erhitzen. Die Zwiebel halbieren, mit den Schnittflächen nach unten in den Topf geben und rösten. Herausnehmen und beiseite legen.

2 In den Topf 2 l kaltes Wasser geben, die Knochen hinzufügen und erhitzen. Bei schwacher Hitze etwa 10 Minuten köcheln lassen und den aufsteigenden Schaum abschöpfen. Tafelspitz mit kaltem Wasser abspülen und in die heiße Brühe legen. Die Brühe leicht salzen und den Tafelspitz zugedeckt köcheln lassen.

3 Nach etwa 1 Stunde Garzeit das Bouquet garni und die Röstzwiebel zum Fleisch geben. Etwa 1 Stunde weiterköcheln lassen.

4 Den Blattspinat gründlich verlesen, waschen und auf einem Sieb gut abtropfen lassen. Die Knoblauchzehe mit einem Messer zerdrücken. Die Schalotten schälen und in sehr kleine Würfel schneiden. Das Olivenöl in einer Pfanne erhitzen. Den Knoblauch und die Schalotten darin andünsten. Den Blattspinat dazugeben, mit Salz und Pfeffer würzen und abdecken. Die Pfanne vom Herd nehmen und den Spinat gar ziehen lassen.

5 Die Radieschen putzen, waschen und in feine Scheiben schneiden. Den Essig und das Traubenkernöl mit etwas Salz verrühren. Die Radieschen mit der Marinade mischen.

6 Den Tafelspitz aus der Brühe heben und gegen die Faser in Scheiben schneiden. Den Tafelspitz auf dem Spinatbett anrichten und den Radieschensalat darauf setzen. Mit Kresse bestreut servieren.

TIPP: *Falls vom Tafelspitz Reste übrig bleiben sollten, können Sie diese am nächsten Tag mit der kräftigen Brühe oder als kalte Vorspeise mit Chicoréesalat (siehe Rezept S. 32) servieren.*

Pro Portion: 410 kcal/1712 kJ · 56 g E · 19 g F · 3 g KH · 0 mg Cholesterin · 0 BE

Pochiertes Kalbsfilet mit Lauchgemüse

1 l kräftige Rinderconsommé (ersatzweise Rinderfond)
1 Kalbsfilet (Mittelstück; ca. 600 g)
Salz · Pfeffer aus der Mühle
2 EL Olivenöl
1 Lauchstange
20 g Butter
2 Tomaten
1 EL grober Senf (Moutarde de Meaux)
½ Bund Petersilie

1 Die Consommé aufkochen. Das Kalbsfilet mit Salz und Pfeffer würzen. Das Olivenöl in einer Pfanne erhitzen und das Kalbsfilet darin rundherum bei starker Hitze scharf anbraten. Herausnehmen, trockentupfen und in die heiße Consommé legen. Die Suppe sollte möglichst kräftig abgeschmeckt sein. Das Filet bei schwacher Hitze etwa 20 Minuten ziehen lassen.

2 Den Lauch putzen, waschen und schräg in dünne Scheiben schneiden. Die Butter in einem Topf zerlassen und den Lauch darin andünsten. Mit Salz und Pfeffer würzen und 10 Minuten weiterdünsten.

3 Die Tomaten überbrühen, häuten, halbieren und entkernen. Die Hälften in Würfel schneiden. Die Petersilie waschen und trockenschütteln. Die Blättchen abzupfen und fein hacken. Die Petersilie mit den Tomatenwürfeln und dem Senf unter den Lauch rühren. Das Kalbsfilet in Scheiben schneiden und auf dem Gemüse anrichten.

TIPP: *Anstelle des Kalbsfilets eignet sich auch hervorragend Rinderfilet oder Lammrücken.*

Pro Portion: 447 kcal/1875 kJ · 35 g E · 32 g F · 5 g KH · 128 mg Cholesterin · 0 BE

Geschmorte Kalbsbeinscheiben

2 Schalotten
1 große Möhre
125 g Knollensellerie
1 Lauchstange
½ Knoblauchzehe
4 Kalbsbeinscheiben
Salz · Pfeffer aus der Mühle
3 EL Olivenöl
½ EL Tomatenmark
½ l Rinderbrühe
(siehe Rezept S. 42)
1 EL passierte Tomaten
(aus der Dose)

Für die Gremolata:
½ Knoblauchzehe
je 3 Stiele Estragon,
Petersilie und Thymian
je 1 TL abgeriebene unbehandelte Zitronen- und Orangenschale

1 Die Schalotten, die Möhre und den Sellerie schälen und in kleine Würfel schneiden. Den Lauch putzen, waschen und ebenfalls in kleine Würfel schneiden. Den Knoblauch schälen und fein hacken.

2 Die Kalbsbeinscheiben mit Salz und Pfeffer würzen. 2 EL Olivenöl in einer Pfanne erhitzen und die Beinscheiben auf beiden Seiten goldbraun anbraten.

3 Den Backofen auf 180 °C vorheizen. In einem Bratentopf das restliche Olivenöl erhitzen und die Schalotten und den Knoblauch darin andünsten. Die Gemüsewürfel hinzufügen und ebenfalls andünsten.

4 Das Tomatenmark unterrühren und die Brühe und die passierten Tomaten angießen. Mit Salz und Pfeffer würzen. Die Kalbsbeinscheiben auf das Gemüse legen. Zugedeckt im Ofen etwa 1 ½ Stunden schmoren lassen.

5 Das Fleisch herausnehmen und warm halten. Die Sauce noch etwas einkochen lassen, gegebenenfalls mit etwas Stärke binden.

6 Für die Gremolata den Knoblauch und die Kräuter fein hacken, mit der abgeriebenen Zitronen- und Orangenschale mischen und in die Sauce rühren. Die Beinscheiben mit der Sauce anrichten. Als Beilage passt besonders gut Kartoffelpüree.

TIPP: *Gremolata ist eine italienische Kräutermischung, die aus Mailand stammt. Sie wird zum Würzen von Fleisch verwendet und eignet sich auch sehr gut für Lammgerichte.*

Pro Portion: 368 kcal/1536 kJ · 38 g E · 18 g F · 12 g KH · 114 mg Cholesterin · 0 BE

Gekochte Rinderschulter

4 Rinderknochen (pariert)
1 flache Rinderschulter (ca. 1 kg)
1 Zwiebel · Salz
250 g Gemüsewürfel (Möhre, Lauch, Sellerie)
3 Rote Beten
1 EL Champagneressig
2 EL Traubenkernöl
Pfeffer aus der Mühle
1 Bund Schnittlauch
1 Apfel
1 Stück Meerrettich
Saft von ½ Zitrone

1 Rinderknochen und -schulter in reichlich kochendem Wasser kurz blanchieren, abgießen und abwaschen. Den Topf anschließend stark erhitzen. Die Zwiebel halbieren, mit den Schnittflächen nach unten in den Topf geben, rösten und beiseite legen. 2 l kaltes Wasser in den Topf geben. Die Knochen hinzufügen, aufkochen und anschließend die Rinderschulter dazugeben. Die Brühe mit Salz würzen.

2 Nach 1 ½ Stunden die Gemüsewürfel und die geröstete Zwiebel in den Topf geben. Die Trübstoffe und den Schaum in regelmäßigen Abständen abschöpfen. Das Fleisch muss 2 ½ Stunden garen und ist fertig, wenn sich eine Gabel, die man hineinsticht, leicht herausziehen lässt.

3 Die Roten Beten in wenig Salzwasser in etwa 1 Stunde gar kochen, schälen und in feine Scheiben schneiden. Den Essig und das Traubenkernöl mit etwas Salz und Pfeffer verrühren. Den Schnittlauch in Röllchen schneiden. Die Hälfte der Schnittlauchröllchen in die Marinade geben. Die Roten Beten mit der Marinade mischen. Den Apfel und den Meerrettich schälen, fein reiben und mischen. Den Zitronensaft unterrühren. Das Fleisch in dünne Scheiben schneiden und mit dem restlichen Schnittlauch bestreuen. Mit dem Rote-Bete-Salat und dem Apfel-Meerrettich servieren.

Pro Portion: 491 kcal/2055 kJ · 53 g E · 24 g F · 14 g KH · 175 mg Cholesterin · 1 BE

Entrecôte mit Graupenkruste

2 Schalotten
20 g Butter
40 g Graupen
¼ l Geflügelbrühe (siehe Rezept S. 42)
Salz · Pfeffer aus der Mühle
20 g Parmesan
1 Eigelb
2 Tomaten
3 EL Olivenöl
4 Entrecôtes (à 140 g)
1 Bund Estragon

1 Den Backofen auf 180 °C vorheizen. Die Schalotten schälen und in sehr kleine Würfel schneiden. Die Butter in einer Pfanne zerlassen und die Hälfte der Schalotten darin andünsten. Die Graupen hinzufügen und etwas Geflügelbrühe angießen, mit Salz und Pfeffer würzen. Nach und nach die restliche Brühe dazugießen. Wenn die Graupen weich sind, mit dem geriebenen Parmesan zu einer glatten Masse verrühren und abschmecken. Das Eigelb unterziehen.

2 Die Tomaten überbrühen, häuten, vierteln und entkernen. In einer Pfanne 1 EL Olivenöl erhitzen, die restlichen Schalottenwürfel hinzufügen und die Tomaten darin schmoren. Mit Salz und Pfeffer würzen.

3 Das restliche Olivenöl in einer ofenfesten Pfanne erhitzen. Die Entrecôtes von beiden Seiten darin anbraten, damit sie Farbe bekommen. Auf der Oberseite mit der Graupenmasse bestreichen und im Ofen etwa 15 Minuten goldgelb überbacken. Das Fleisch auf den geschmorten Tomaten anrichten und mit Estragonblättchen bestreut servieren.

Pro Portion: 435 kcal/1819 kJ · 32 g E · 30 g F · 9 g KH · 169 mg Cholesterin · ½ BE

Involtini mit geschmorten Tomaten

16 Cocktailtomaten
12 dünne Kalbsschnitzel (ca. 500 g)
Salz · Pfeffer aus der Mühle
120 g Weichkäse (40 % Fett i. Tr.)
2 EL Olivenöl
8 TL Sojasauce
100 ml Apfelsaft
8 EL Aceto balsamico
1 EL grober Senf (Moutarde de Meaux)
4 TL Ahornsirup

1 Tomaten überbrühen, häuten, halbieren, entkernen und in Würfel schneiden.

2 Die Kalbsschnitzel mit Salz und Pfeffer würzen. Den Käse in dünne Scheiben schneiden. Die Käsescheiben auf die Schnitzel legen. Die Schnitzel aufrollen und die Röllchen mit Holzspießen fixieren.

3 Das Olivenöl in einer Pfanne erhitzen und die Involtini darin bei mittlerer Hitze rundherum 3 bis 4 Minuten braten. Die Involtini aus der Pfanne nehmen und warm stellen.

4 Die Sojasauce, den Apfelsaft, den Essig, den Senf und den Sirup zusammen mit den Tomaten in die Pfanne geben und sämig einkochen. Die Sauce mit Salz und Pfeffer abschmecken. Die Involtini vor dem Servieren in die Sauce geben.

Pro Portion: 315 kcal/1317 kJ · 33 g E · 16 g F · 9 g KH · 104 mg Cholesterin · 1 BE

Spanferkelrücken auf Bayerisch Kraut

1/4 Kopf Weißkohl
50 g durchwachsener Speck
1 Zwiebel
1 TL Zucker
2 TL Obstessig
20 g Butter
1/2 EL Kümmel
Salz · Pfeffer aus der Mühle
2 EL Sekt
2 Spanferkelrücken oder -karrees (am Knochen halbiert)
3 EL Pflanzenöl
2–3 Stiele Petersilie

1 Den harten Strunk aus dem Weißkohl schneiden und die äußeren Blätter entfernen. Den Kohl in feine Streifen schneiden, waschen und gut trockentupfen. Den Speck in Streifen schneiden. Die Zwiebel schälen, halbieren und ebenfalls in Streifen schneiden.

2 Den Backofen auf 160 °C vorheizen. Den Zucker in 2 EL Wasser auflösen und aufkochen. Den Zuckersirup weiterkochen, bis ein heller Karamell entstanden ist. Mit dem Essig ablöschen.

3 Die Butter hinzufügen und die Speckstreifen darin kross ausbraten. Die Zwiebel- und später die Weißkohlstreifen dazugeben. Mit Kümmel und etwas Salz und Pfeffer würzen und mit dem Sekt ablöschen. Das Gemüse zugedeckt bei mittlerer Hitze etwa 45 Minuten schmoren lassen.

4 Den Spanferkelrücken mit Salz und Pfeffer würzen. Das Öl in einem Bräter erhitzen und die Spanferkelrücken darin auf der Hautseite leicht anbraten. Das Fleisch wenden und im Ofen in etwa 40 Minuten knusprig braten.

5 Das Kraut mit Salz und Pfeffer abschmecken. Die Petersilie waschen und die Blättchen abzupfen. Die Petersilienblättchen fein hacken und über das Kraut streuen. Den Spanferkelrücken auslösen und in Scheiben schneiden. Auf dem Bayerisch Kraut anrichten.

TIPP: *Spanferkelrücken ist mager und besonders zart. Gut geschützt durch Knochen und Fettschicht trocknet das Fleisch beim Braten nicht aus. Achten Sie darauf, dass Sie für das Bayerisch Kraut sehr frischen Kohl verwenden. Wird Kohl zu lange gelagert, schmeckt er muffig.*

Pro Portion: 446 kcal/1867 kJ · 40 g E · 29 g F · 5 g KH · 128 mg Cholesterin · 0 BE

Kaninchenfilet auf glasierten Möhren

2 Möhren
2 mittelgroße Kohlrabi
1 Schalotte
30 g Butter
Salz · Pfeffer aus der Mühle
100 ml Geflügelbrühe (siehe Rezept S. 42)
10 g frischer Ingwer
8 Kaninchenfilets (ca. 600 g)
2 EL Olivenöl

1 Die Möhren und den Kohlrabi schälen und in feine Scheiben schneiden. Die Schalotte schälen und in sehr kleine Würfel schneiden. Die Butter in einer Pfanne zerlassen und die Schalottenwürfel darin glasig dünsten. Den Kohlrabi und die Möhren hinzufügen, kurz unter Rühren anbraten und mit Salz und Pfeffer würzen. Die Geflügelbrühe angießen und das Gemüse zugedeckt bei mittlerer Hitze in etwa 10 Minuten dünsten.

2 Kurz bevor das Gemüse gar ist, den Deckel entfernen und die Flüssigkeit sirupartig einkochen lassen. Den Ingwer schälen, fein reiben und das Gemüse damit abschmecken.

3 Die Kaninchenfilets mit Salz und Pfeffer würzen. Das Olivenöl in einer Pfanne erhitzen und die Kaninchenfilets darin von allen Seiten goldbraun braten. Das Fleisch auf dem glasierten Gemüse anrichten.

TIPP: *Kaninchenfleisch ist sehr mager und hat einen feinen Geschmack. Es harmoniert gebraten auch mit verschiedenen Salaten gut, z. B. mit Rucola.*

Pro Portion: 362 kcal/1514 kJ · 35 g E · 22 g F · 6 g KH · 142 mg Cholesterin · 0 BE

Kalbsrahmgulasch

800 g Kalbfleisch
Salz
Pfeffer aus der Mühle
2 EL Paprikapulver (edelsüß) · 3 Zwiebeln
2 EL Pflanzenöl
1 EL Tomatenmark
1 l Kalbsfond
4 Kartoffeln · 20 g Butter
100 ml Milch
Muskatnuss
Gulaschgewürz (gehackter Kümmel und Knoblauch, abgeriebene Zitronenschale)
50 g Sahne

1 Den Backofen auf 180 °C vorheizen. Das Kalbfleisch in etwa 2 cm große Würfel schneiden und mit Salz, Pfeffer und Paprikapulver würzen. Etwas ziehen lassen. Die Zwiebeln schälen und in feine Streifen schneiden. Das Öl in einem flachen, ofenfesten Topf erhitzen und die Zwiebeln darin bei mittlerer Hitze dünsten, dabei dürfen sie nicht braun werden.

2 Das Fleisch in den Topf geben und kurz anbraten. Tomatenmark unterrühren, nochmals leicht anrösten und den Fond angießen, sodass das Fleisch gerade bedeckt ist. Das Gulasch zugedeckt im Ofen 1 ½ bis 2 Stunden schmoren.

3 Die Kartoffeln schälen, vierteln und in Salzwasser weich kochen. Abgießen und durch die Kartoffelpresse drücken. Die weiche Butter mit einem Schneebesen unterschlagen. Die Milch erhitzen und unterrühren. Mit Salz, Pfeffer und frisch geriebener Muskatnuss würzen. Das Gulasch aus dem Ofen nehmen und mit dem Gulaschgewürz abschmecken. Die Sahne steif schlagen und unterheben. Das Gulasch mit dem Kartoffelpüree servieren.

TIPP: *Mischen Sie das Fleisch schon 12 Stunden vorher mit dem Paprikapulver; so nimmt es das Aroma des Gewürzes besonders gut auf.*

Pro Portion: 543 kcal/2274 kJ · 54 g E · 22 g F · 30 g KH · 185 mg Cholesterin · 2 BE

Reh-Medaillons mit Zimtpflaumen und Grießplätzchen

180 ml Milch (1,5 % Fett)
180 g Sahne
50 g Butter · Salz
160 g Hartweizengrieß
2 Eier
Pfeffer aus der Mühle
300 g Pflaumen
100 ml roter Traubensaft (naturrein)
1 Zimtstange
1 TL Speisestärke
30 g Butter
600 g ausgelöster Rehrücken
2 EL Pflanzenöl

1 Für die Grießplätzchen die Milch, die Sahne und 80 ml Wasser mit der Butter und etwas Salz aufkochen. Den Grieß hineinrühren. Bei schwacher Hitze etwa 30 Sekunden weiterrühren, bis sich am Topfboden eine weißliche Schicht bildet. Mithilfe des Handrührgeräts die Eier untermischen. Den Teig mit Salz und Pfeffer würzen und auf einem kalt abgespülten Blech dünn ausstreichen. Den Teig vollständig auskühlen lassen, mit Klarsichtfolie abdecken und in den Kühlschrank stellen.

2 Den Backofen auf 180 °C vorheizen. Die Pflaumen waschen, halbieren und entsteinen. Mit dem Traubensaft und der Zimtstange in einen Topf geben und einkochen lassen. Die Speisestärke mit etwas kaltem Wasser anrühren und die Pflaumen damit binden, sodass die Flüssigkeit sirupartig ist.

3 Aus dem gut gekühlten Grießteig mit einem Glas Plätzchen ausstechen und auf eine ofenfeste Platte legen. Jeweils eine Butterflocke darauf setzen und die Plätzchen im Ofen leicht überbacken.

4 Den Rehrücken in gleichmäßige Medaillons schneiden und mit Salz und Pfeffer würzen. Das Öl und die restliche Butter in einer Pfanne erhitzen und die Medaillons darin bei mittlerer Hitze in etwa 4 Minuten pro Seite rosa braten. Mit den Pflaumen und den Grießplätzchen servieren.

TIPP: *Wenn Sie die Grießplätzchenmasse am Vortag zubereiten und kühl stellen, ist sie gut durchgekühlt und lässt sich besser ausstechen. Falls Sie keine frischen Pflaumen bekommen, können Sie die Beilage auch mit 120 g Dörrpflaumen zubereiten; die Menge des Traubensafts muss dann verdoppelt werden.*

Pro Portion: 780 kcal/3261 kJ · 44 g EW · 46 g F · 47 g KH · 221 mg Cholesterin · 4 BE

Desserts

(VON BUTTERMILCHMOUSSE BIS ZWETSCHGENTARTE)

Süßes und Diabetes

Fruchtzucker und andere energiehaltige Zuckeraustauschstoffe, wie z. B. Isomalt, Maltit oder Sorbit, bringen Diabetikern keinen wesentlichen gesundheitlichen Vorteil gegenüber der Verwendung von Haushaltszucker und werden deshalb nicht mehr empfohlen. Daher wurden für unsere Desserts Haushaltszucker oder Süßstoff verwendet. Die neuesten Empfehlungen für Diabetiker lauten: 20 bis maximal 50 g Zucker pro Tag. Um den Blutzuckerspiegel nicht übermäßig zu belasten, sollten Diabetiker auf Zucker in Reinform, als Süßungsmittel für Tee und Kaffee sowie auf zuckergesüßte Limonaden und Softdrinks verzichten. Demgegenüber sind mit Zucker gesüßte Desserts, Schokolade, Kuchen, Kekse und andere Süßigkeiten auch für Diabetiker geeignet, wenn die darin enthaltenen Kohlenhydrate mit Insulin abgedeckt werden. Dies ist keinesfalls ein Freibrief für Zucker. Generell gilt weiterhin: je weniger Zucker, desto besser.

Joghurt-Minze-Terrine mit Beerenragout

7 ½ Blatt Gelatine
400 g Joghurt (3,5 % Fett)
200 g saure Sahne
Saft von 1 Zitrone
abgeriebene unbehandelte Schale von 1 ½ Zitronen
15 g Zucker
200 g Sahne
8 Minzeblättchen
½ Vanilleschote
250 g Himbeeren
abgeriebene unbehandelte Schale von ½ Orange
300 g gemischte Beeren (z. B. Himbeeren und Erdbeeren)

1 Für die Terrine 6 Blatt Gelatine in kaltem Wasser einweichen. Den Joghurt und die saure Sahne mit dem Zitronensaft und 1 EL abgeriebener Zitronenschale verrühren. 10 g Zucker unterrühren. Die Gelatine gut ausdrücken und in etwas Joghurtcreme auflösen. Gründlich unter die restliche Joghurtcreme rühren.

2 Die Sahne steif schlagen. Die Hälfte der Minzeblättchen in feine Streifen schneiden und mit der Sahne unter die Joghurtcreme heben. Die Creme in eine Terrinenform füllen und mindestens 3 Stunden (am besten sogar über Nacht) kalt stellen.

3 Die Vanilleschote der Länge nach aufschneiden und das Mark herauskratzen. Für das Beerenragout die Himbeeren mit dem restlichen Zucker, dem Vanillemark, der restlichen Zitronenschale und der Orangenschale aufkochen. Durch ein feines Sieb streichen. Die restliche Gelatine in kaltem Wasser einweichen, gut ausdrükken und im Himbeermark auflösen. Die Himbeersauce abkühlen lassen.

4 Die gemischten Früchte putzen und waschen. Mit der Himbeersauce marinieren. Die gekühlte und erstarrte Joghurtterrine in Stücke schneiden. Jeweils zwei Stücke mit dem Beerenragout anrichten. Die restlichen Minzeblättchen in feine Streifen schneiden und darüber streuen.

Pro Portion: 432 kcal/1810 kJ · 11 g E · 29 g F · 28 g KH · 96 mg Cholesterin · 2 BE

Buttermilchmousse auf Rhabarber

1 kg Rhabarber
100 g Erdbeeren
½ l Apfelsaft (naturrein)
15 g Zucker
etwas abgeriebene unbehandelte Orangen- und Zitronenschale
1 Vanilleschote
250 g Buttermilch
Saft und abgeriebene Schale von ½ Zitrone (unbehandelt)
3 ½ Blatt Gelatine
190 g Sahne
4 EL Prosecco
Minzeblättchen zum Garnieren

1 Den Rhabarber waschen, schälen und schräg in Stücke schneiden. Die Erdbeeren putzen und waschen. Die Rhabarberschalen mit dem Apfelsaft, 10 g Zucker und etwas abgeriebener Orangen- und Zitronenschale etwa 10 Minuten auskochen. Durch ein Sieb abgießen, dabei den Sud auffangen.

2 Den Rhabarbersud mit der aufgeschnittenen Vanilleschote und den Rhabarberstücken aufkochen und etwa 10 Minuten köcheln lassen. Den Topf vom Herd nehmen, die Erdbeeren hinzufügen und 4 Stunden im Fond ziehen lassen.

3 Die Buttermilch mit dem restlichen Zucker, dem Zitronensaft und der Zitronenschale mischen. 2 Blatt Gelatine in kaltem Wasser einweichen, gut ausdrücken und in etwas Buttermilch auflösen. In die restliche Buttermilch rühren. Die Sahne steif schlagen und unterheben. Die Buttermilchcreme kalt stellen.

4 Für die Sauce ¼ l Rhabarberfond und den Prosecco aufkochen. Die restliche Gelatine in kaltem Wasser auflösen, gut ausdrücken und in der Sauce auflösen. Kurz anziehen lassen.

5 Das Rhabarber-Erdbeer-Kompott auf Tellern anrichten und mit der Prosecco-Sauce beträufeln. Mithilfe von zwei Esslöffeln Nocken aus der Buttermilchmousse stechen und auf das Kompott setzen. Mit Minzeblättchen garnieren.

TIPP: *Außerhalb der Erdbeersaison können Sie anstelle der frischen Erdbeeren auch tiefgekühlte Früchte verwenden.*

Pro Portion: 305 kcal/1279 kJ · 7 g E · 16 g F · 27 g KH · 54 mg Cholesterin · 2 BE

Pfirsiche mit Vanille-Orangen-Sabayon

4 weiße Pfirsiche
2 Vanilleschoten
700 ml Orangensaft (frisch gepresst)
abgeriebene Schale von 2 Orangen und 1 Zitrone (unbehandelt)
2 g Zucker
120 ml Prosecco
100 ml Pfirsichlikör
1 Tropfen Rosenwasser
6 Eigelb · 4 TL Zitronensaft
Minzeblättchen

1 Pfirsiche waschen, halbieren und entsteinen. Vanilleschoten der Länge nach aufschneiden und das Mark herauskratzen. ½ l Orangensaft mit der Hälfte des Marks, der abgeriebenen Schale von je einer Orange und Zitrone, Zucker, 60 ml Prosecco, Pfirsichlikör und Rosenwasser aufkochen und vom Herd ziehen. Pfirsichhälften in den lauwarmen Fond legen und etwa 2 Stunden ziehen lassen.

2 Für den Sabayon die Eigelbe mit 60 ml Prosecco, dem Mark von einer Vanilleschote, der abgeriebenen Schale von einer Orange, 200 ml Orangensaft und dem Zitronensaft über dem heißen Wasserbad mit einem Schneebesen dickschaumig aufschlagen. Den Sabayon auf tiefen Tellern anrichten und die Pfirsichhälften darauf verteilen. Mit Minzeblättchen garnieren.

TIPP: *Bereiten Sie den Sabayon nur mit sehr frischen Eiern zu und servieren Sie ihn noch am gleichen Tag. Wenn Sie die Creme über dem kalten Wasserbad so lange schlagen, bis sie abgekühlt ist, können Sie sie vor dem Servieren für kurze Zeit kalt stellen.*

Pro Portion: 205 kcal/856 kJ · 7 g E · 11 g F · 17 g KH · 416 mg Cholesterin · 1 ½ BE

Rote Grütze

200 ml Kirschsaft (naturrein)
10 g Zucker
je 1 Streifen Orangen- und Zitronenschale (unbehandelt)
300 g Schwarze Johannisbeeren
400 g gemischte rote Früchte
½ Vanilleschote
2 ½ Blatt Gelatine

1 Den Kirschsaft mit dem Zucker, der Orangen- und Zitronenschale und den Johannisbeeren in einen Topf geben, aufkochen und durch ein Sieb streichen.

2 Von den gemischten roten Früchten die Beeren putzen, waschen und gut abtropfen lassen. Die Sauerkirschen, falls verwendet, entsteinen. Die Vanilleschote der Länge nach aufschneiden und das Mark mit den Früchten in den heißen Fond geben.

3 Die Gelatine in kaltem Wasser einweichen, gut ausdrücken und in den heißen Fond rühren. Die Rote Grütze in eine Schüssel oder portionsweise in Gläser füllen und zum Gelieren kalt stellen.

TIPP: *Die gut gekühlte Rote Grütze am besten mit kalter Buttermilch servieren.*

Pro Portion: 111 kcal/464 kJ · 3 g E · 1 g F · 20 g KH · 0 mg Cholesterin · 2 BE

Aprikosen mit Thymianhonig

8 Aprikosen
40 g Butter
4 Orangenspalten
1 Vanilleschote
1 TL Nelkenpulver
2 EL Thymianhonig
4 Thymianzweige

1 Den Backofen auf 200 °C vorheizen. Die Aprikosen waschen, halbieren und entsteinen. Vier etwa gleich große Stücke Alufolie (ca. 20 cm x 20 cm) mit etwas Butter bestreichen. Je eine Orangenspalte in die Mitte der Alufolie legen.

2 Die Vanilleschote der Länge nach aufschneiden und das Mark herauskratzen. Das Vanillemark und etwas Nelkenpulver gleichmäßig auf die Orangen verteilen. Auf jedes Orangenbett vier Aprikosenhälften setzen und mit dem Honig beträufeln. Je einen Thymianzweig dazulegen und etwas Butter darauf setzen.

3 Die Alufolie dicht verschließen und auf ein Backblech legen. Im Ofen etwa 15 Minuten backen. Die Aprikosen aus der Folie nehmen und mit dem Fond übergießen.

TIPP: *Für dieses Gericht eignen sich auch sehr gut Pfirsiche oder Nektarinen.*

Pro Portion: 151 kcal/635 kJ · 1 g E · 8 g F · 17 g KH · 24 mg Cholesterin · 1 ½ BE

Erdbeerkaltschale mit Saure-Sahne-Eis

Für die Kaltschale:

1 Zitrone (unbehandelt)
400 g Erdbeeren
10 g Fruchtzucker
200 g Buttermilch
Schale von ¼ Orange (unbehandelt)
100 ml Milch
80 g Sahne

Für das Eis:

1 Vanilleschote
Schale von je ½ Zitrone und Orange (unbehandelt)
20 g Fruchtzucker
200 ml Milch
1 kg saure Sahne
1 Blatt Gelatine
Zitronenmelisseblättchen zum Garnieren

1 Von der Zitrone knapp 1 TL Schale abreiben, den Saft auspressen. Die Erdbeeren putzen und waschen. Mit dem Zucker und 4 EL Zitronensaft mit dem Stabmixer pürieren und durch ein feines Sieb streichen.

2 Die Buttermilch, die abgeriebene Orangen- und Zitronenschale und die Milch unter das Fruchtpüree rühren. Die Sahne steif schlagen und unterheben. Die Erdbeerkaltschale bis zum Servieren in den Kühlschrank stellen.

3 Für das Eis die Vanilleschote der Länge nach aufschneiden und das Mark herauskratzen. Das Vanillemark mit der abgeriebenen Orangen- und Zitronenschale und dem Zucker in die Milch und die saure Sahne rühren. Die Gelatine in kaltem Wasser einweichen, gut ausdrücken und in der Saure-Sahne-Mischung auflösen. Die Eismasse im Tiefkühlgerät gefrieren lassen.

4 Die Erdbeerkaltschale in tiefe Teller geben. Vom Saure-Sahne-Eis mithilfe eines Esslöffels Nocken abstechen und darauf anrichten. Mit Zitronenmelisseblättchen garnieren.

TIPP: *Um der Kaltschale eine cremigere Konsistenz zu geben, können Sie aus einem sehr frischen Eigelb und 2 TL Pflanzenöl eine Mayonnaise herstellen und diese unterrühren. Achten Sie bei der Herstellung der Mayonnaise darauf, dass das Eigelb und die Schüssel, in der geschlagen wird, Zimmertemperatur haben. Das Öl unter kräftigem Rühren tropfenweise zum Eigelb geben.*

Pro Portion: 667 kcal/803 kJ · 13 g EW · 55 g F · 28 g KH · 153 mg Cholesterin · ½ BE

Mokkamousse mit eingelegten Birnen

60 g Mokkabohnen
¼ l Milch (1,5 % Fett)
3 Eigelb
10 g Zucker
4 ½ Blatt Gelatine
250 g Sahne
4 reife Birnen
1 Vanilleschote
700 ml Traubensaft (naturrein)
200 ml Prosecco
abgeriebene unbehandelte Schale von 1 Zitrone
1 Tropfen Bittermandelöl
1 Gewürznelke
1 Zimtstange
1 Sternanis
Schokospäne zum Garnieren

1 Die Mokkabohnen in einer Pfanne ohne Fett rösten. Die Milch erhitzen und vom Herd ziehen. Die Mokkabohnen in die Milch geben und 2 Stunden ziehen lassen. Die Milch durch ein Sieb abgießen.

2 Die Eigelbe mit dem Zucker schaumig schlagen und unter die Milch rühren. Die Mischung über dem heißen Wasserbad zu einer dickschaumigen Creme aufschlagen.

3 In kaltem Wasser 3 Blatt Gelatine einweichen. Die Gelatine gut ausdrücken und in die Creme rühren. Die Mokkacreme über dem kalten Wasserbad so lange rühren, bis sie ausgekühlt ist. Die Sahne steif schlagen und unterheben. Die Mokkamousse kalt stellen.

4 Die Birnen waschen, schälen, halbieren und entkernen. Die Vanilleschote der Länge nach aufschneiden und das Mark herauskratzen. Den Traubensaft mit dem Prosecco, dem Vanillemark, der abgeriebenen Zitronenschale, dem Bittermandelöl, der Nelke, der Zimtstange und dem Sternanis aufkochen. Vom Herd ziehen und etwas abkühlen lassen. Die Birnenhälften in den lauwarmen Fond legen und kalt stellen.

5 Für die Sauce ¼ l Birnenfond aufkochen. Die restliche Gelatine in kaltem Wasser einweichen, gut ausdrücken und in dem Fond auflösen. Kurz anziehen lassen.

6 Die Sauce auf tiefe Teller verteilen. Birnen in Spalten schneiden und fächerförmig darauf legen. Mit einem warmen Esslöffel Nocken aus der Mousse abstechen und auf die Birnenspalten setzen. Nach Belieben mit Schokospänen garnieren.

TIPP: *Dieses Dessert lässt sich gut vorbereiten: Die Mousse können Sie schon am Vortag zubereiten und im Kühlschrank aufbewahren. Die Birnen ziehen besser durch, wenn Sie sie über Nacht einlegen.*

Pro Portion: 452 kcal/1896 kJ · 9 g E · 27 g F · 36 g KH · 280 mg Cholesterin · 3 BE

Gebackene Mango auf Ananascarpaccio

1 reife Mango
1 reife Ananas
2 Eiweiß
100 g Kokosraspel
Pflanzenfett zum Ausbacken
2 Limetten (unbehandelt)
5 g Zucker
½ Vanilleschote
200 g saure Sahne
100 g Joghurt (1,5 % Fett)

1 Die Mango und die Ananas schälen. Die Mango – bis auf den faserigen Kern – in Spalten schneiden. Die Eiweiße leicht schaumig schlagen. Die Mangoscheiben durch das Eiweiß ziehen und in den Kokosraspeln wenden. Das Pflanzenfett in einem breiten Topf erhitzen und die Mangoscheiben darin schwimmend ausbacken.

2 Ananas in dünne Scheiben schneiden und den Strunk herausschneiden. Limettenschale abreiben und die Limetten auspressen. Ananasscheiben und Mangoreste mit 2 EL Wasser, 2 EL Limettensaft, ½ TL abgeriebener Limettenschale und 3 g Zucker aufkochen. Mit dem Stabmixer pürieren und durch ein Sieb passieren.

3 Die Vanilleschote der Länge nach aufschneiden und das Mark herauskratzen. Die saure Sahne, den Joghurt, den restlichen Limettensaft, das Vanillemark, ½ TL abgeriebene Limettenschale und den restlichen Zucker verrühren. Die Ananassauce auf Teller gießen. Die Joghurtsauce darüber träufeln und die gebackenen Mangoscheiben darauf anrichten.

Pro Portion: 352 kcal/1472 kJ · 6 g E · 22 g F · 31 g KH · 31 mg Cholesterin · 3 BE

Bunte Früchtetartes

150 g Blätterteig (tiefgekühlt)
Mehl und Butter für die Förmchen
1 Vanilleschote
200 g saure Sahne
abgeriebene Schale von 1 Zitrone (unbehandelt)
8 g Zucker
4 ½ Blatt Gelatine
60 g Sahne
400 g Früchte
150 ml Fruchtsaft (naturrein)

1 Den Backofen auf 180 °C vorheizen. Den Blätterteig auftauen lassen und etwa 5 mm dick ausrollen. Aus dem Teig acht kleine Kreise mit 10 bis 12 cm Durchmesser ausstechen und in leicht gebutterte, mit Mehl ausgestreute Förmchen legen. Mit einer Gabel mehrmals einstechen, ein Stück Alufolie darauf legen und mit Linsen beschweren. Die Törtchen etwa 20 Minuten blindbacken. Die Alufolie und die Linsen entfernen und die Törtchen auskühlen lassen.

2 Die Vanilleschote der Länge nach aufschneiden und das Mark herauskratzen. Saure Sahne, Vanillemark, abgeriebene Zitronenschale und 5 g Zucker zu einer Creme verrühren. 1 ½ Blatt Gelatine in kaltem Wasser einweichen, gut ausdrücken und mit einem Teil der Creme verrühren. In die restliche Creme einrühren. Die Sahne steif schlagen und unterheben. Die Creme kalt stellen.

3 Die Törtchen dünn mit der Creme bestreichen. Die Früchte putzen, waschen und in Spalten schneiden. Die Törtchen damit belegen.

4 Für den Tortenguss den Fruchtsaft mit dem restlichen Zucker erhitzen. Die restliche Gelatine kalt einweichen, gut ausdrücken und im Fruchtsaft auflösen. Abkühlen lassen, die Törtchen damit überziehen und kalt stellen.

Pro Stück: 187 kcal/781 kJ · 3 g E · 12 g F · 16 g KH · 36 mg Cholesterin · 1 BE

Zwetschgentarte mit Mohnschaum

150 g Blätterteig (tiefgekühlt)
30 g gemahlene Mandeln
200 g Magerquark
2 Eigelb
1 TL abgeriebene unbehandelte Zitronenschale
Zimtpulver
1 kg Zwetschgen
20 g Aprikosenkonfitüre
50 g gemahlener Mohn
¼ l Traubensaft (naturrein)
150 g Crème fraîche

1 Den Blätterteig auftauen lassen und etwa 5 mm dick ausrollen. Aus dem Teig acht kleine Kreise mit 10 bis 12 cm Durchmesser ausstechen.

2 Den Backofen auf 180 °C vorheizen. Die gemahlenen Mandeln in einer Pfanne ohne Fett bei schwacher Hitze rösten. Den Quark, die Eigelbe, die abgeriebene Zitronenschale, die Mandeln und den Zimt verrühren. Die Quarkcreme dünn auf die Teigkreise streichen.

3 Die Zwetschgen waschen, halbieren, entsteinen und in Spalten schneiden. Die Spalten fächerförmig auf die Blätterteigkreise legen.

4 Die Törtchen auf ein mit Backpapier ausgelegtes Blech setzen und im Ofen 20 bis 25 Minuten backen. Herausnehmen und die warmen Törtchen mit der Aprikosenmarmelade dünn bestreichen.

5 Für den Mohnschaum den gemahlenen Mohn mit dem Traubensaft in einen Topf geben und weich kochen. Die Crème fraîche mit dem abgetropften Mohn schaumig rühren. Die Zwetschgentörtchen mit dem Mohnschaum anrichten.

TIPP: *Besonders dekorativ sehen die kleinen Törtchen aus, wenn Sie die Ränder dünn mit Aprikosenmarmelade bestreichen und dann geröstete gehobelte Mandeln, gehackte Pistazien oder auch Schokoladenspäne vorsichtig an die Ränder drücken.*

Pro Stück: 314 kcal/1316 kJ · 8 g E · 20 g F · 24 g KH · 109 mg Cholesterin · 2 BE

Holunderblütensorbet

200 ml heller Traubensaft (naturrein)
200 g Holunderblüten (ohne Stiel)
4 EL Zitronensaft
15 g Zucker
2 Blatt Gelatine

1 In einem Topf 300 ml Wasser mit dem Traubensaft aufkochen. Die Holunderblüten verlesen. Mit der heißen Flüssigkeit übergießen und etwa 2 Stunden ziehen lassen. Durch ein feines Sieb abgießen.

2 Den Zitronensaft und den Zucker unterrühren. Die Gelatine in kaltem Wasser einweichen, gut ausdrücken und mit einem Teil der Sorbetmasse verrühren. In die restliche Sorbetmasse einrühren. Das Sorbet in eine Metallschüssel füllen und einige Stunden in das Tiefkühlgerät stellen.

3 Das Sorbet muss jede halbe Stunde mit einer Gabel durchgerührt werden, damit sich keine Eiskristalle bilden. Nach 3 bis 4 Stunden sollte das Sorbet durchgefroren sein. Mit einem Kugelausstecher oder einem Esslöffel von dem Holunderblütensorbet Kugeln abstechen und nach Belieben in Schälchen oder Sektgläsern servieren.

TIPP: *Bei allen Sorbets müssen die Zutaten kalt verrührt werden. Die Gelatine bewirkt, dass das Sorbet cremig bleibt und im Tiefkühlgerät nicht so schnell kristallisiert.*

Pro Portion: 69 kcal/288 kJ · 1 g E · 0 g F · 15 g KH · 0 mg Cholesterin · 1 BE

Teesorbet

25 g aromatischer schwarzer Tee (z. B. Earl Grey)
4 Stiele Zitronenmelisse
Saft von 1 Zitrone
200 g Sahne
15 g Zucker
1 Blatt Gelatine

1 Den schwarzen Tee mit ¼ l Wasser aufbrühen und 10 Minuten ziehen lassen. Durch ein Sieb abgießen und abkühlen lassen. Die Zitronenmelisse waschen und trockentupfen. Die Blättchen abzupfen und in Streifen schneiden. Den Zitronensaft, die Sahne, den Zucker und die Zitronenmelisse in den Tee rühren.

2 Die Gelatine in kaltem Wasser einweichen, gut ausdrücken und mit einem Teil der Sorbetmasse verrühren. In die restliche Sorbetmasse einrühren. Das Sorbet in eine Metallschüssel füllen und einige Stunden in das Tiefkühlgerät stellen.

3 Das Sorbet muss jede halbe Stunde mit einer Gabel durchgerührt werden, damit sich keine Eiskristalle bilden. Nach 3 bis 4 Stunden sollte das Sorbet durchgefroren sein. Mit einem Kugelausstecher oder einem Esslöffel von dem Teesorbet Kugeln abstechen und nach Belieben in Schälchen oder Sektgläsern servieren.

TIPP: *Lockerer und luftiger wird die Sorbetmasse, wenn man vor dem Gefrieren noch 2 TL Eischnee unterrührt.*

Pro Portion: 187 kcal/782 kJ · 2 g E · 16 g F · 8 g KH · 0 mg Cholesterin · ½ BE

Exotisches Fruchtsorbet

600 g Früchte (z. B. Kiwi, Mango, Ananas oder Passionsfrucht)
10 g Zucker
2 EL Zitronensaft
3 Blatt Gelatine

1 Die Früchte schälen, klein schneiden und mit dem Stabmixer pürieren. Durch ein feines Sieb streichen und mit dem Zucker, ¼ l Wasser und dem Zitronensaft verrühren.

2 Die Gelatine in kaltem Wasser einweichen, gut ausdrücken und mit einem Teil der Sorbetmasse verrühren. In die restliche Sorbetmasse einrühren. Das Sorbet in eine Metallschüssel füllen und einige Stunden in das Tiefkühlgerät stellen.

3 Das Sorbet muss jede halbe Stunde mit einer Gabel durchgerührt werden, damit sich keine Eiskristalle bilden. Nach 3 bis 4 Stunden sollte das Sorbet durchgefroren sein. Mit einem Kugelausstecher oder einem Esslöffel von dem Fruchtsorbet Kugeln abstechen und nach Belieben in Schälchen oder Sektgläsern servieren.

TIPP: *Besonders cremig werden Sorbets, wenn man sie in einer Sorbetière oder einer elektrischen Eismaschine gefriert. In der Eismaschine ist das Sorbet in etwa 30 Minuten servierfertig.*

Pro Portion: 103 kcal/433 kJ · 2 g E · 1 g F · 21 g KH · 0 mg Cholesterin · 2 BE

Zitronengrasgranité

8 Limetten (unbehandelt)
250 g Zitronengras
20 g Zucker
40 ml Prosecco

1 Die Schale von drei Limetten abreiben, alle Limetten auspressen. Das Zitronengras möglichst fein schneiden und zerstoßen. Den Limettensaft, den Zucker und den Prosecco mit 1 l Wasser aufkochen und vom Herd nehmen. Die Limettenschale und das Zitronengras in die Saftmischung geben und etwa 2 Stunden ziehen lassen. Durch ein feines Sieb abgießen, in ein flaches Blech füllen und einige Stunden in das Tiefkühlgerät stellen.

2 Die Oberfläche immer wieder mithilfe eines Löffels abschaben und die so entstandenen Eisspäne in gut gekühlte Gläser füllen.

TIPP: *Für Granités gibt es unzählige Möglichkeiten: aromatisiert mit Fruchtpürees oder auch mit Alkohol, z. B. mit Rotwein oder Campari.*

Pro Portion: 53 kcal/222 kJ · 1 g E · 1 g F · 7 g KH · 0 mg Cholesterin · ½ BE

Mandarinensorbet

¼ l Mandarinensaft
100 ml Mineralwasser
4 EL Zitronensaft
15 g Zucker
4 Mandarinen (unbehandelt)
4 EL Prosecco
2 Blatt Gelatine

1 Den Mandarinensaft, das Mineralwasser und den Zitronensaft verrühren. Den Zucker unter Rühren darin auflösen. Von den Mandarinen die Schale fein abreiben und mit dem Prosecco unter die Sorbetmasse rühren.

2 Die Gelatine in kaltem Wasser einweichen, gut ausdrücken und mit einem Teil der Sorbetmasse verrühren. In die restliche Sorbetmasse einrühren. Das Sorbet in eine Metallschüssel füllen und einige Stunden in das Tiefkühlgerät stellen.

3 Das Sorbet muss jede halbe Stunde mit einer Gabel durchgerührt werden, damit sich keine Eiskristalle bilden. Nach 3 bis 4 Stunden sollte das Sorbet durchgefroren sein. Mit einem Kugelausstecher oder einem Esslöffel von dem Mandarinensorbet Kugeln abstechen und nach Belieben in Schälchen oder Sektgläsern servieren.

TIPP: *Dieses Sorbet können Sie auch mit Orangen, rosa Grapefruits oder Limetten zubereiten.*

Pro Portion: 76 kcal/320 kJ · 2 g E · 0 g F · 14 g KH · 0 mg Cholesterin · 0 BE

Joghurt-Limetten-Sorbet

300 g Joghurt (3,5 % Fett)
100 ml Limettensaft
100 ml Mineralwasser
abgeriebene unbehandelte Schale von 1 Limette
15 g Zucker
1 ½ Blatt Gelatine

1 Den Joghurt, den Limettensaft, das Mineralwasser, die abgeriebene Limettenschale und den Zucker verrühren.

2 Die Gelatine in kaltem Wasser einweichen, gut ausdrücken und mit einem Teil der Sorbetmasse verrühren. In die restliche Sorbetmasse einrühren. Das Sorbet in eine Metallschüssel füllen und einige Stunden in das Tiefkühlgerät stellen.

3 Das Sorbet muss jede halbe Stunde mit einer Gabel durchgerührt werden, damit sich keine Eiskristalle bilden. Nach 3 bis 4 Stunden sollte das Sorbet durchgefroren sein. Mit einem Kugelausstecher oder einem Esslöffel von dem Joghurt-Limetten-Sorbet Kugeln abstechen und nach Belieben in Schälchen oder Sektgläsern servieren.

Pro Portion: 95 kcal/400 kJ · 4 g E · 3 g F · 12 g KH · 9 mg Cholesterin · 1 BE

Orangeneis

250 g Sahne
¼ l Milch (1,5 % Fett)
3 Eigelb
20 g Zucker
¼ l Orangensaft
4 EL Zitronensaft
abgeriebene unbehandelte Schale von 3 Orangen

1 Die Sahne und die Milch aufkochen. Die Eigelbe mit dem Zucker, dem Orangen- und Zitronensaft und der abgeriebenen Orangenschale schaumig rühren. Die heiße Sahnemilch zuerst tropfenweise, dann in dünnem Strahl unterrühren.

2 Die Masse über dem heißen Wasserbad schaumig rühren. Weiterrühren, bis eine dicke Creme entsteht. Die Eigelbmasse darf keinesfalls kochen, da das Eigelb sonst stockt und sich Klümpchen bilden.

3 Die Creme durch ein Sieb gießen und mithilfe einer Eismaschine gefrieren.

TIPP: *Richten Sie das Orangeneis am besten mit Orangenfilets und Orangenschalenstreifen an.*

Pro Portion: 286 kcal/1199 kJ · 4 g E · 21 g F · 19 g KH · 72 mg Cholesterin · 1 ½ BE

Kokosnusseis

½ l Milch (1,5 % Fett)
100 g Sahne
125 g Kokosflocken
5 Eigelb
15 g Zucker
1 Blatt Gelatine
30 g frisches Kokosnussfleisch

1 Die Milch und die Sahne mit den Kokosflocken aufkochen und vom Herd nehmen. Zugedeckt etwa 1 Stunde ziehen lassen und durch ein Sieb abgießen.

2 Die Eigelbe und den Zucker schaumig rühren. Die Sahnemilch erwärmen und zuerst tropfenweise, dann in dünnem Strahl unterrühren. Die Masse über dem heißen Wasserbad schaumig rühren, bis eine dicke Creme entsteht. Die Masse darf keinesfalls kochen, da das Eigelb sonst stockt und sich Klümpchen bilden.

3 Die Gelatine in kaltem Wasser einweichen, gut ausdrücken und in der Creme auflösen. Mithilfe einer Eismaschine gefrieren. Vor dem Servieren das Kokosnussfleisch in feinen Scheiben über das Eis hobeln; das geht am besten mit einem Trüffelhobel.

Pro Portion: 467 kcal/1959 kJ · 12 g E · 41 g F · 13 g KH · 381 mg Cholesterin · 1 BE

Nusseis

60 g Nüsse (z. B. Walnüsse oder Haselnüsse)
250 g Sahne
¼ l Milch (1,5 % Fett)
6 Eigelb
10 g Zucker
1 Blatt Gelatine

1 Die Nüsse in einer Pfanne ohne Fett rösten und abkühlen lassen. Die Sahne und die Milch mit den Nüssen aufkochen und vom Herd nehmen. Etwa 1 Stunde ziehen lassen und durch ein Sieb abgießen.

2 Die Eigelbe und den Zucker schaumig rühren. Die Sahnemilch erwärmen und zuerst tropfenweise, dann in dünnem Strahl in die Eigelbmasse unterrühren.

3 Die Creme über dem heißen Wasserbad schaumig rühren. Weiterrühren, bis eine dicke Creme entsteht. Die Masse darf keinesfalls kochen, da das Eigelb sonst stockt und sich Klümpchen bilden.

4 Die Gelatine in kaltem Wasser einweichen, gut ausdrücken und in der Creme auflösen. Die Creme mithilfe einer Eismaschine gefrieren.

Pro Portion: 433 kcal/1816 kJ · 13 g E · 39 g F · 9 g KH · 441 mg Cholesterin · 1 BE

Heidelbeereis

3 Eigelb
30 g Zucker
250 g Sahne
¼ l Milch (1,5 % Fett)
250 g Heidelbeeren (frisch oder tiefgekühlt)
2 Blatt Gelatine

1 Die Eigelbe und den Zucker schaumig rühren. Die Sahne mit der Milch erwärmen und zuerst tropfenweise, dann in dünnem Strahl unterrühren.

2 Die Creme über dem heißen Wasserbad schaumig rühren. Weiterrühren, bis eine homogene Masse entsteht. Durch ein Sieb passieren und abkühlen lassen.

3 Die Heidelbeeren verlesen und waschen. Mit dem Stabmixer pürieren und durch ein Sieb passieren. Das Heidelbeerpüree unter die Creme rühren.

4 Die Gelatine in kaltem Wasser einweichen, gut ausdrücken und in der Creme auflösen. Die Creme mithilfe einer Eismaschine gefrieren.

Pro Portion: 330 kcal/1382 kJ · 8 g EW · 26 g F · 15 g KH · 280 mg Cholesterin · 1 BE

Alkohol und Diabetes

Ob bei einem stilvollen Diner zu zweit oder einem festlichen Essen für Gäste: Ein Glas Wein oder Bier als Begleiter hat in unserer kulinarischen Kultur eine lange Tradition. Auch als Diabetiker müssen Sie auf Alkohol nicht verzichten. Was Sie trinken, sollten Sie jedoch sorgfältig auswählen.

Alkohol zählt zu den Genussmitteln: Alkoholische Getränke können nicht im Austausch gegen andere Nahrungsmittel – insbesondere nicht im Austausch gegen kohlenhydrathaltige Nahrungsmittel – innerhalb eines Diätplans eingesetzt werden. Zusätzlich zur täglich aufgenommenen Nahrung liefert Alkohol viele Kalorien, nämlich 7 Kilokalorien pro Gramm. Das bedeutet, dass man mit einem Glas Rotwein etwa 100 Kalorien zu sich nimmt. Diese Kalorien müssen an anderer Stelle eingespart werden. Dabei ist wichtig, dass die Kalorien, die mit alkoholischen Getränken aufgenommen werden, auf keinen Fall durch Verzicht auf kohlenhydrathaltige Nahrungsmittel, sondern am ehesten durch Verzicht auf fetthaltige Nahrungsmittel ausgeglichen werden können.

Risiken des Alkohols

Nach Rücksprache mit Ihrem Arzt ist gegen ein Glas Wein, ein Glas Sekt (extra trocken, extra dry, brut) oder ein Glas Bier am Tag grundsätzlich nichts einzuwenden. Einige alkoholische Getränke enthalten allerdings sehr viel Zucker, z. B. Liköre, Süßweine, Spät- und Ausleseweine oder handelsübliches Bier. Auf diese Alkoholika sollten Diabetiker unbedingt verzichten. Gänzlich abzuraten ist auch vom Konsum alkoholfreien Bieres, da es größere Mengen an Malzzucker enthält. Als Alternative ist spezielles „Diabetiker-Bier" im Handel, bei dem der Malzzucke weitgehend zu Alkohol vergoren ist. Mit „Light Bier" nehmen Sie im Vergleich sogar nur die Hälfte an Alkohol, die Hälfte an Malzzucker und die Hälfte an Kalorien zu sich.

Wer sich ein Glas Bier oder Wein gönnt, sollte auch bedenken, dass Alkohol in den Zuckerstoffwechsel eingreift: Er behindert die Zuckerneubildung in der Leber (die so genannte Glukoneogenese) und kann so leicht zu Unterzuckerung führen. Erhöhte Unterzuckerungsgefahr besteht vor allem, wenn Sie Tabletten vom Sulfonylharnstofftyp einnehmen oder Insulin spritzen, ganz besonders nach Bewegung und Sport. Trinken Sie deshalb Alkohol nur, wenn Sie kohlenhydrathaltige Nahrung zu sich nehmen – und in kleinen Mengen! In Maßen genossen hat z. B. Rotwein durchaus auch einen medizinischen Nutzen: Es ist erwiesen, dass er vorbeugend gegen Herzinfarkt und auch Thrombose wirkt.

Zu empfehlen: Diabetiker-Wein

Wenn Sie gelegentlich ein Glas Wein trinken möchten, dann greifen Sie zu einem trockenen Wein. Deutscher Qualitätswein, der diese Bezeichnung trägt, wird mit dem gelben Weinsiegel gekennzeichnet. Die Angabe „trocken" darf verwendet werden, wenn der Wein einen Restzuckergehalt von höchstens 4 g pro Liter hat. Bis höchstens 9 g pro Liter darf der Restzuckergehalt betragen, falls der in Gramm pro Liter Weinsäure ausgedrückte Gesamtsäuregehalt höchstens 2 g pro Liter niedriger ist als der Restzuckergehalt. Dieser lässt sich mit der Formel Säure plus 2 bis zur Höchstgrenze 9 einfach berechnen. Die Angabe „Für Diabetiker geeignet" mit der Ergänzung „Nur nach Befragen des Arztes" dürfen die Hersteller auf das Flaschenetikett drucken, wenn der

In Maßen genossen ist ein trockener Wein der ideale Begleiter eines festlichen Essens.

Alkohol geniessen – aber in Massen!

Trinken Sie alkoholische Getränke nur in Maßen. Bitte denken Sie daran, dass für Frauen eine Menge von maximal 10 g Alkohol empfohlen wird und für Männer 20 g. Wer hohe Blutfette (Triglyzeride), hohen Blutdruck oder Übergewicht hat, sollte möglichst auf Alkohol verzichten. auch bei schwerer Neuropathie ist von Alkohol abzuraten. der Genuss von Alkohol sollte von Diabetikern, die Insulin spritzen oder Sulfonylharnstoffe einnehmen, immer von einer kohlenhydrathaltigen Mahlzeit begleitet sein, um einer Unterzuckerung vorzubeugen.

Klare Obstbrände sind nach einer kohlenhydrathaltigen Mahlzeit als Digestif durchaus erlaubt. Auf zuckerhaltige Liköre sollte man jedoch verzichten.

Wein höchstens 4 g Glukose pro Liter enthält und folgende Vorgaben erfüllt:

- Der Alkoholgehalt darf 12 % Vol. nicht übersteigen.
- Pro Liter dürfen nicht mehr als insgesamt 20 g Zucker enthalten sein.
- Der Gesamtzuckergehalt muss in Gramm pro Liter angegeben werden, falls er 4 g pro Liter übersteigt.
- Die gesamte schwefelige Säure darf nicht mehr als 150 mg pro Liter betragen.
- Der Gehalt an Glukose und Fruktose (in g/l) und der Brennwert (in kJ bzw. kcal/l) müssen angegeben sein.

In Deutschland ist das gelbe Weinsiegel als Gütezeichen für trockene Weine zugelassen, das grüne Siegel für halbtrockene und das rote Weinsiegel für liebliche oder süße Weine.

Kochen mit Alkohol

Einige wenige Gerichte dieses Buches werden mit Alkohol zubereitet, vorwiegend Saucen oder Desserts. Wenn Sie Wein zum Kochen verwenden, sollte er von bester Qualität sein. Denn Wein wird durch das Einkochen nicht besser, im Gegenteil. Genauso wie die guten Aromastoffe beim guten Wein, treten die unerwünschten beim minderwertigeren Wein hervor. Wein, den man für eine Sauce verwendet hat, löst auch die Frage, welchen Wein man bei Tisch reicht: denselben oder einen ähnlichen aus der gleichen Region. Was für Wein gilt, trifft auch für höherprozentigen Alkohol zu. Oft wird für Saucen und Fisch ein trockener Wermut empfohlen, als Ersatz können Sie einen trockenen Weißwein verwenden. Mit sehr kleinen Mengen Schnaps bzw. Likör werden meistens Desserts aromatisiert.

Lassen Sie sich bei der Wahl des Weins, den Sie zum Essen trinken wollen, nicht von strengen Regeln beeinflussen. Die Meinungen, welcher Wein zu welchen Speisen am besten passt, könnten unterschiedlicher nicht sein. Weinregeln sind keinesfalls verbindlich, sie können nur Anregungen bieten. Es gibt kaum „falsche" Kombinationen. Lassen Sie sich also bei der Auswahl des Weins einfach von Ihrem Geschmack leiten.

Irmgard Landthaler

„Der Trick mit dem Click“ erleichtert die Insulininjektion

Klicken Sie schon oder schrauben Sie noch?

Diese Frage stellt sich allen Verwendern von Insulinpens, die ihre Nadel schnell und einfach wechseln wollen. Die Antwort finden Sie jetzt in der Apotheke: Sie heißt Clickfine™ universal.

Fehler vermeiden

Um eine Pen-Nadel aufzuschrauben, braucht man eine sichere Hand und auch Gefühl. Das klappt nicht immer im ersten Anlauf. Setzt man schräg an, kann das Gewinde schnell verkanten. Clickfine™ universal hingegen hat den „Trick mit dem Click".
Die Pen-Nadel wird einfach senkrecht aufgesteckt. Wenn es fühlbar „Click" macht, sitzt die Nadel fest. Nach Gebrauch wird sie einfach abgeschraubt. Das macht die Insulininjektion einfach und schnell.

Universal wie ein Generalschlüssel

Ein weiterer Vorteil: Clickfine™ universal passt auf alle gängigen Insulinpens. Wenn Sie zwei oder mehr unterschiedliche Insulinpens verwenden, z. B. um Verzögerungs- und kurz wirkendes Insulin zu spritzen, benötigen Sie nur noch eine Sorte Pen-Nadeln.
Diese passen überall, wie ein Generalschlüssel zu mehreren Türen passt. Das ist auch unterwegs praktisch.

Weitere Informationen und Tipps zur Insulininjektion finden Sie im Internet unter www.ypsomed.de.

DiaExpert – Ihr Expertenteam für Diabetesbedarf

„Simplify your life“

(also: „Vereinfache dein Leben") rät ein aktuelles Buch, das in den Bestsellerlisten oben steht. Der Autor empfiehlt, sich im Alltag auf das Wesentliche zu konzentrieren und die unwichtigen Dinge über Bord zu werfen. Das macht den Kopf frei und hilft, Stress zu reduzieren.

Ein guter Rat, wenn es darum geht, den Alltag mit Diabetes zu organisieren. Wir sind da, um Ihnen zu helfen. Bestellen Sie Ihren Diabetesbedarf ganz einfach und bequem mit Ihrem Rezept von zu Hause aus. Wir von DiaExpert sorgen dafür, dass er ganz schnell dort ankommt, wo Sie ihn brauchen. Danach rechnen wir direkt mit Ihrer Krankenkasse ab. Unser Team kennt die großen und kleinen Sorgen des Diabetesalltags genau, und das ist der wichtigste Grund, warum viele Tausend Kunden ihren Diabetesbedarf regelmäßig bei DiaExpert bestellen. Rufen Sie unser Beratungsteam an, und Sie spüren sofort: Hier werden Sie persönlich und mit ganzem Herzen empfangen.

Noch mehr Service

Neben der persönlichen Beratung steht für DiaExpert der Kundenservice ganz oben. Wir unterstützen Sie im Diabetesalltag z. B. durch das kostenlose Diabetes-Magazin feelfree, das 4x jährlich erscheint. Weitere Beispiele sind die Serie „Diabetes-Wissen" – eine Loseblatt-Sammlung, in der wichtige Diabetes-Themen ausführlich dargestellt werden, und das Diabetiker-Tagebuch.

Weitere Informationen unter www.diaexpert.de und unter der kostenlosen Servicenummer (08 00) 3 42 39 73.

Hinweis:
Sämtliche Rezepte sind für 4 Personen berechnet; die Nährwertangaben beziehen sich auf jeweils 1 Portion oder 1 Stück!

BILDNACHWEIS:

Rezeptfotos: W. Cimbal; S. Katzer: S. 6, 103; StockFood/S. u. P. Eising: S. 13, 130, 131 oben rechts und unten; StockFood/M. Hunter: S. 12 oben; StockFood/Rosenfeld Images: S. 12 unten; StockFood/M. Stock: S. 11